U0129450

细读 《道德经》

〔加〕刘炎平
〔美〕解艾玲 著

商务印书馆
The Commercial Press
创于1897

目　录

第一章　老子、《老子》和《道德经》

一、老子其人与其书

　　老子《道德经》问世于春秋战国时期诸子百家分家之前，是我国文化史上第一部成文的纯粹哲学专著，是道家哲学思想的源头。在世界哲学史上，也属全面、系统、精辟论述唯物论和辩证法的开山之作，独步世界文化史两千多年无人能匹，是举世公认的"万经之王"。在世界变为"地球村"的今日，《道德经》已经不仅是中国传统文化的一大瑰宝，而且成为举世公认的人类共同精神财富。

　　但是，老子是谁？《道德经》是否为老子所著？这个寻根刨底的"曾祖级"问题，已经在中国学界争论了两千多年，至今答案未明。因古代典籍中对老子的出身和经历记载甚少，后世学者连老子的称谓、姓名、身世、经历等，都有各种不同说法，但以捕风捉影的猜测居多。

　　据司马迁（公元前 145 年—？）在《史记》一书中记载："老子者，楚苦县厉乡曲仁里人也，姓李氏，名耳，字聃，周守藏室之史也"；老子"居周久之，见周之衰，乃遂去。至关……乃著书上下篇，言道德之意五千余言而去，莫知其所终"。但接着又写了三个"或曰"："或曰，老莱子亦楚人也，著书十五篇，言道家之用，与孔子同时云"，"或曰儋即老子，或曰非也，世莫知其然否"。[1]

　　这里不仅写了老子的姓名（"姓李氏，名耳，字聃"）、籍贯（楚苦县厉乡曲仁里）、官职（"周守藏室之史"），还记了老子的寿数（"盖老子百有六十余岁，或言二百余岁"）、长寿原因（"以其修道而养寿也")以及子孙后代（"之子名宗"直至汉文帝之时近十代），并在《孔子世家》《仲尼弟子列传》《乐毅列传》等篇章中，又多次提及老子及其言论。但司马迁却在清楚记载上述诸项之后，突然将笔锋一转，用三个"或曰"将老子与"楚人老莱子""秦献公时太史儋"以及另外一个不知名姓的"非也"混为一谈，使读者顿坠五里雾中。

迄至东汉，班固（公元32—92年）在《汉书·艺文志》中，沿袭西汉学者刘向（公元前77—前6年）《七略》之旧著，录"《文子》九篇"之后，加注曰："老子弟子，与孔子并时，而称周平王问，似依托者也。"[2]

这就引起了人们的质疑：既是"老子弟子，与孔子并时"，又称"周平王问"，那就不是"似依托者也"的问题，而牵涉到文子是否真有其人。须知孔子的生卒年是公元前551年至公元前479年，周平王的生卒年是公元前781年至公元前720年，和孔子"并时"的文子和周平王相差整整230岁。如何可能？班固想必注意到这个时间差，便含糊其词地宣判为"似依托者也"。但班固在得出这一似是而非的结论时却忽略了一个重要的事实，那就是《文子》一书多处提及"平王问"，"平王"之前，并无"周"字。而与老子、孔子和文子同时代的帝王群中，就有另外一个平王——楚平王芈居芈弃疾（公元前528—前516年在位）。焉知文子所对平王，非楚平王乎？

更何况，在春秋左丘明所著《国语》中记述吴越争锋史事，已经多次提及楚平王及其僚属费无忌、伍奢、伍尚（被楚平王杀害的伍子胥父兄）、子囊，吴国申胥（为父兄报仇的伍子胥），越国谋臣范蠡（计倪、计然即文子之徒）[3]。在西汉刘向收集整理的《战国策》中，也有多家策士引用《文子》语句作为自己的策论依据[4]。司马迁《史记·楚世家》中还详细记载了楚平王芈居昏聩荒淫、骗婚儿媳、迫害伍家父子的经过，并发表评论："弃疾以乱立，嬖淫秦女，甚乎哉，几再亡国！"[5]

自班固"依托"说出现之后，就开始有人质疑《文子》一书的真伪，引起了长达十数个世纪的争论，最终以《文子》竹简于1973年河北定县四十号汉墓出土宣告结束：该墓墓主是西汉中山怀王刘修（？—公元前55年），距今已经两千多年。墓中出土的一批竹简中即有《文子》一书的残简。内容与今本《文子》相同处有六篇，还有部分内容不见于今本《文子》。考古专家学者们通过与今本校对，得以部分恢复《文子》原貌。

专家学者们研究考证的结果是确认《文子》一书为西汉时已有的先秦古书，从而洗雪了文子其人与《文子》其书无端蒙受两千来年的"依托"之冤，也使得汉唐以来历代学者指责《文子》为伪书之说，不攻自破。

受到文子这个学生的株连，他的老师老子其人与《老子》其书，也遭受到被质疑、被否定、被虚化甚至被抹杀的厄运。

本来，以老子和《道德经》为旗帜的道家之学，在春秋战国时期已经成为"压倒百家"的一门显学。这一点，从春秋战国诸子百家大量引述《道德经》中的精辟议论为自己的观点和理论寻求依据，即可清楚看出。可以说，诸子百家都从老子的学说中汲取营养，老子的思想和理论哺育了诸子百家成长。清末民初著名学者江瑔认为：

上古三代之世，学在官而不在民，草野之士莫由登大雅之堂。唯老子世为史官，得以掌数千年学库之管钥，而司其启闭。故《老子》一出，遂尽泄天下之秘藏，集古今之大成，学者宗之，天下风靡，道家之学普及于民间……道家之徒既众，遂分途而趋，各得其师之一端，演而为九家之学，而九流之名以兴焉。[6]

这一论断，基本符合历史事实。

但是，由于先秦传世典籍中对老子其人的生卒年代及著述情况并无确切记载，而老子所著《道德经》原书流落何处已无从追寻（河王通行本文本所从何来亦语焉不详），因而使老子的身世、经历及《道德经》的撰著情况变得模糊不清。

更重要的是，继汉初文景之际大力推行黄老之学之后，汉武帝采纳董仲舒建议实施"罢黜百家，独尊儒术"的文化政策，使得儒学在整个社会政治生活中占据统治优势，向来只停留在分庭抗礼层面上的儒道之争骤然变得表面化、公开化、激烈化了。由于统治阶级的强力支持，尊孔贬老，以"经"代"老"（以儒家经学取代道家老学），在很短的时间内形成一股声势浩大的社会风气。以儒解老、以老释儒，甚至以儒为宗的现象，在思想文化领域内成为常态。在这种形势下，老子其人与其书不仅被一步步边缘化，而且被扭曲、淡化为一种可有可无、无从捉摸的隐秘存在，大有被连根拔除、彻底退出历史舞台之势。这是中国文化史上一个具有重大影响的历史性转变。

司马迁对老子记载的模棱两可和班固对《文子》的粗疏误判，给了儒家从根本上动摇道学基础——《道德经》的可乘之机。汉代以后的儒家学者，对老子及《道德经》提出了各种各样的猜测、质疑和推想。

例如：北魏崔浩（公元 381—450 年）曾怀疑"五千言非老子所作"[7]。唐代韩愈（公元 768—824 年）《原道》称："老者曰：'孔子，吾师之弟子也。'……为孔子者，习闻其说，乐其诞而自小也，亦曰'吾师亦尝师之云尔'。"[8] 好像孔子承认他是老子的弟子只是"乐其诞而自小"，纯属玩笑。北宋陈师道（1053—1102）较为认真，他在《理究》一文中说："世谓孔、老同时，非也……其关、杨之后，墨、荀之间乎？"依据是："孟子辟杨、墨而不及老，荀子非墨、老而不及杨，庄子先六经而墨、宋次之，关、老又次之，惠、庄终焉。"[9] 南宋朱熹（1130—1200）认为："礼经记孔子之言，有得于老聃者，亦与今道德上下篇绝不相似，而庄生之言，则实近之，皆不可晓"[10]；南宋叶适（1150—1223）认为："言老子所自出，莫著于《孔子家语》《世家》《曾子问》《老子列传》"，"孔子赞其为龙，则是为黄老学者，借孔子以重其师之辞也"，"然则教孔子者必非著书之老子，而为此书者必非礼家所谓老聃，妄人讹而合之尔"[11]。清毕沅（1730—1799）根据《说文解字》中对"聃"字的解释（"耳曼""垂耳""耳大垂""南方聸耳之国"）及《山海经》《吕氏春秋》《淮南子》中的"儋耳""耽耳"，断定"聃、儋、耽，三字相同"，推定太史儋与老子是同一人；[12] 清汪中（1744—1794）根据列子与关尹同时而晚于孔子，《文子》中引老子与战国时秦、楚、燕、魏并称，《列子》《说苑》中提及端木子贡之孙和杨朱见梁（魏）王、函谷关置于秦献公之世，以及孔子问礼于老子而老子说"礼者，忠厚之薄而乱之首"，周王室和楚地"声教中阻，楚人仕周颇可疑"，老子"身为王官，不得称隐君子"，得出太史儋就是老子的结论，并由此推知老子是秦献公时人。[13] 民国康有为（1858—1927）为凸显孔子的至尊地位，宣称"六经皆孔子作，百家皆孔子之学"，"各子虽《老子》《管子》，亦皆战国书。在孔子后，皆孔子后学"，"老子在孔子以后"，"老氏亦出自孔子"。[14] 最为典型的是被称为中国"辨伪学之父"的清代考古辨伪学家崔述（1763—1816），在其所著《洙泗考信录》中提出"道德经五千言乃杨朱之徒伪托"说，断言："今《史记》所载老聃之言，皆杨朱之说耳，其文亦似战国诸子，与《论语》《春秋传》之文绝不类也"；"要必杨朱之徒之所伪托，犹之乎言兵者之以《阴符》托之黄帝，《六韬》托之太公也；犹之乎言医者之以《素问》《灵枢》托之于黄帝、岐伯也"。[15]

尽管《清史稿》崔述列传中已经明确指出他在辨伪学术研究中"勇于自信，任意轩轾者亦多"（过于自信，缺乏严格的科学态度）[16]，但因为他以中国"辨伪学之父"的身份直接宣称《道德经》一书为"杨朱之徒伪托"，故而还是在学界，特别是清末民初，引起了强烈反响。

20世纪五四新文化运动兴起之际，随着欧美各种思想潮流进入中国，在中国学界兴起新的疑古思潮，《老子》及其作者又一次被卷进争论旋涡。

1919年胡适在其所著《中国哲学史大纲》中指出：老子早于孔子，《老子》为老子所作。司马迁《史记》作"姓李氏，名耳。字伯阳，谥曰聃"乃是后人据《列仙传》妄改的。称老子活了"百有六十余岁""二百余岁"的话，大概也是后人加入的。"老子"之称，大概不出两种解说：（1）"老"或是字，或者老子本名聃，字耳，一字老；（2）"老"或是姓，老子虽不曾做大官，或者源出于大族，故姓老而氏李，后人不懂古代氏族制度，把氏姓两事混作一事，故说"姓某氏"，其实这三字是错的。老子姓老，故人称老聃，也称老子。[17]

1922年11月，梁启超《评胡适之中国哲学史大纲》批驳胡适之论，摆出六条证据证明老子生年晚于孔子，《老子》一书作于战国之末：

其一，老子八代孙与孔子十三代孙不可能同时；其二，孔、墨、孟为何没有提及老子；其三，《礼记曾子问》所载老子谈礼与《老子》相反；其四，《史记》史料多来源于《庄子》，而《庄子》寓言十九，不足为信；其五，从思想体系看，《老子》中的话太激烈、太自由，不像春秋时人言论；其六，从语言上看，《老子》书中的"王侯""侯王""王公""万乘之君""取天下""仁义"等字样，不像春秋时所有，"偏将军""上将军"是战国时的官名。[18]

梁文在《晨报副镌》发表之后，张怡荪（煦，1893—1983）在同年同月22—24日于同刊物发表《梁任公提讼老子时代一案判决书》，对梁启超的观点逐条反驳，判词是："梁任公所提各节，实不能丝毫证明《老子》一书有战国产品嫌疑。"[19]

1923年2月25日，顾颉刚与钱玄同先生书云："老子决当如梁任公先生说，是战国末年的书。"于梁先生举的证据外，又举出两个证据。其一，老子是经体，同于墨家的墨经，荀子所引的道经，韩非子内外储说之经；战国前期，不会有此类著作。其二，老子痛恨圣智，实在因为战国后期，社会上受游士的损害重极了，才有这种呼声。在春秋末年及战国初期，也是不会有的。[20]

1923年5月，顾颉刚在《努力周报》增刊《读书杂志》上发表了《与钱玄同先生论古史书》一文，提出"层累地造成的中国古史"的观点，认为"时代越后，知道的古史越前；文籍越无征，知道的古史越多"。他称赞清代辨伪学者崔述的《考信录》"确是一部极伟大又极细密的著作"，他自己"望尘莫及"，但同时又批评崔著"他只知道战国以后的话足以乱古人的真，不知道战国以前的话亦足以乱古人的真"，所以他要破"经书即信史"的成见，单从书籍上入手，"尽我们整理的责任"。[21]

梁、顾之文发表以后，在学界引起轩然大波，随即触发了一场长达十数年的大论战。一大批学者都加入了这一讨论。讨论围绕老子其人何时出生、《老子》一书何时问世以及著者是谁三个问题，形成两大阵营，双方引经据典，各抒己见，展开激烈争论。争论的大致结果是：关于老子其人，或认为是春秋时人，姓老氏，名聃，年辈长于孔子，或认为是战国时代人，是李耳，或太史儋；关于《老子》的成书年代，分别有春秋末期、战国初期、战国中期、战国末期等说；关于《老子》一书成于谁手，也大体有老子、李耳、太史儋以及老子后学所编纂等数种见解。[22]

以上所有这些争论，都因1973年湖南长沙马王堆汉墓出土的帛书《老子》、1993年湖北荆门郭店楚简《老子》以及2009年北京大学馆藏汉简老子《道德上下经》的出现，有了明晰的结论。那就是：老子姓老名聃，是春秋战国时期曾经真实存在的历史人物，是《老子》，即《道德经》的实际撰写人。老莱子、李耳、太史儋都与老子有一定的关系，但还没有多少证据证明他们和老子是一个人。

随着对马王堆帛书和郭店楚简的深入研究，又不断有新的观点出现。例如涂宗流先生所著《老子哲学源流》一文，就对《史记·老子韩非列传》中司马迁对老子的介绍做了新的解释。他认为，"孔子适周，将问礼于老子"，介绍的是与孔子同时、年辈长于孔子的春秋老子（老聃）；"（老子）至关"，为关令尹喜"著书上下篇，言道德之意五千余言而去"，介绍的是与关令尹同时的战国初周太史儋；"老子世系"介绍的是战国时老学首领李耳，与孔子的十三代孙同时的只能是战国时老学首领李耳的八代孙。《老子韩非列传》中所提到的关尹子是《太一丙》的作者，李耳是今本《老子》的作者。两人都生活在战国早中期，属老子后学。关尹子、李耳（儋，太史儋）对春秋老子（姓老氏，名聃）所提出的"道"的诠释和补充，丰富和发展了春秋老子的天道本原思想，完整构建了中国天道本原哲学体系（包括宇宙生成论、本体论），开创了中国哲学的新纪元。[23]

学者郭沂通过对郭店楚简《老子》和马王堆帛书及河王通行本的对比分析，发现：（1）简本的语言、思想皆淳厚古朴，甚至连今本经常出现的"玄""奥"等令人难以把握的字眼都没有；（2）君王南面之术是老子研究中争议较大的一个问题，但在简本中，这个问题是不存在的；（3）简本没有与儒家伦理观念针锋相对的文字。从简本不含有今本中的高远玄虚之论、非黜儒家之语、南面权谋之术等情况看，它有完全区别于今本的独特的思想体系，且前后一贯，意蕴精纯，显然出自一人之手笔，代表一人之思想。简本《老子》不但优于今本，而且是一个原始的、完整的传本；简本内容皆见于今本，这说明今本将简本悉数纳入。这样就存在一个从简本到今本演变的过程。[24]

从目前所能见到的历代各种注译文本内容的发展变化看，上述所列多种说法和议论，连同顾颉刚先生的"历史层累"说，都有一定的道理。但要判定《老子》成书的历史时期，老子、李耳、老莱子及太史儋之间的关系，在《老子》一书流传过程中都有什么人参与，他们分别做出了哪些贡献，等等，这些问题，同样需要寻找出更有说服力的依据来澄清。

还需要特别指出的是，司马迁在《史记·老子韩非列传》中称老子姓李名耳字聃，至今还是一条孤证。源自何处，依据为何，太史公自己也没有说清楚。在司马迁之前，我们还没有见到有别人称老子为李耳的。

从目前见到的春秋战国诸子著作来看，以"子"命名者，皆以撰著者的姓氏打头，如《文子》《墨子》《庄子》《韩非子》等。诸子著述中引用老子言论，皆称"老子"或"老聃"，而独不见"李子"或"李耳"，足以说明老子姓老，不姓李。《礼记》《战国策》《荀子》《吕氏春秋》等著述中，更直记老子为老聃。此等实例举不胜举。

据姓氏研究专家考证，老姓是一个罕见而古老的姓氏，从三皇五帝时便已存在。老子和老姓人均是颛顼的后代。春秋战国时期还有许多人姓老，如老莱子、老成子、老佐、老祈等。

查秦汉以来历代典籍记载，对老子姓老有更多支持。

成书于战国时期的《山海经卷十六·大荒西经》即载："颛顼生老童，老童生重及黎，帝令重献上天，令黎邛下地。"[25]

汉应劭《风俗通义》载："老氏，颛顼子老童之后。"[26]

北宋陈彭年等《广韵·晧韵》："老，姓。"[27]

北宋郑樵《通志·氏族略四》："老氏，《风俗通》：颛帝子老童之后。《左传》宋有老佐。《论语》老彭，即彭祖也。或云：老氏，老聃、老莱子之后。"[28]1987年湖北荆门包山楚墓竹简中关于楚人的先祖有"老僮（童）—祝融—媸酓（即昆吾）—武王"的记载。[29]

南宋王应麟《姓氏急就篇·上》载："老氏，宋戴公五世孙老佐，《韩子》魏有老儒……又复姓老莱子著书，列子师老商氏，宋宦者有老氏。"[30]

据史籍记载，宋代有老麻，明代有老兆祥（嘉靖举人）。而据姓氏研究专家考察，在今辽宁、广东、广西、台湾、香港、澳门等地，均有老姓分布，包括汉、满、傈僳族等民姓。老姓与田、布、鸡并列广东省佛山市的土著四大姓氏。在日本、韩国还有姓老的人。[31]

反观称老子为李耳的证据，则非常薄弱。

考李姓来源，较为普遍的说法有三种：一是出自嬴姓，为颛顼帝高阳氏之后裔——尧时皋陶曾担任大理的职务，其子伯益被赐为嬴姓，后子孙历三代世袭大理的职务，其子孙按照当时的习惯以官为氏，称理氏；二是商纣时皋陶后裔理微（一说理征）因直谏被杀，其妻契和氏带儿子利贞逃难途中食李子充饥，改姓李，这个利贞，就是李姓的始祖；三是出自他族获赐改姓，如三国时诸葛亮平定哀牢后赐当地少数民族赵、张、杨、李，南北朝时鲜卑族汉化后有人改为李氏（如洛阳李氏），唐王朝建立后赐十六姓开国元勋为李氏等。[32]

但据清代黄秩模编《姓氏考略》记载，周之前未见有李氏，至老子李耳，方有李氏。也就是说，老子是李氏的始祖。这显然缺乏令人信服的证据。春秋战国时倒有不少李姓人物，且基本上都在老子之后。[33]这实际上已经推翻了唐王朝是老子后裔之说。其后多位学者就此议题做过周密研究，证实黄氏所说不谬，兹不赘述。

司马迁还在《列传》中提及老子的最后归宿是"不知所终"。从我们见到的各种资料看，老子"所终"，并非"不知"，而是有两种说法：一是老子西出流沙，西域化胡，在今西亚地区包括我国新疆西部及不丹、印度、尼泊尔等国教化胡人；二是告老还乡，安然隐居，最后终老于中原内地。这个"内地"还有两个地方，一个是老子老家楚国蒙山，一个是甘肃临洮岳麓山凤台（古秦国封地）。

执老子化胡说的依据有以下几处。《后汉书·襄楷传》所载襄楷于延熹九年（公元166年）上疏汉桓帝刘志："或言老子入夷狄为浮屠，浮屠不三宿桑下，不欲久生恩爱，精之至也。……今陛下淫女艳妇，极天下之丽，甘肥饮美，单天下之味，奈何欲如黄老乎？"[34]《三国志·书·乌丸鲜卑东夷传第三十》："（浮屠）此国在天竺城中……浮屠所载与老子经相出入，盖以为老子西出关，过西域之天竺，教胡。"[35] 此外还有北魏鱼豢《魏略西戎传》[36]、皇甫谧《高士传》[37]、南齐《顾欢传》[38] 以及据传为西晋道士王浮所作《老子化胡经》[39] 等，也都有类似记载。

执终老中原内地说法的主要依据来自《庄子·养生主》："老聃死，秦佚吊之，三号而出……有老者哭之，如哭其子；少者哭之，如哭其母"，治丧场面十分隆重。老友秦佚（一说秦失）还发表了一通振聋发聩的生死论："彼其所以会之，必有不蕲言而言，不蕲哭而哭者，是遁天倍情，忘其所受，古者谓之遁天之刑。适来，夫子时也；适去，夫子顺也。安时而处顺，哀乐不能入也，古者谓是帝之县解。"[40] 意思是批评那些哭的人违背天理，不懂得老子"适时而来，顺时而去"、顺应自然的精神境界。

学者楚木（李林林）立足于原始文献和考古资料，结合春秋时代的社会环境与地理条件，吸纳各家争鸣的合理观点，对悬疑千古的老莱子（老子）"生、名、籍、学、仕、著、隐"等重要问题进行深入分析和探索，得出较为独到的结论：老莱子（老子）生于约公元前571—前556年之间，原籍为宋国相县厉乡曲仁里；姓老，名耳，字聃；成年后出仕周都洛阳守藏室史，号伯阳，官称老阳子，后因周王室变乱去职归乡，改姓李，南下迁隐途中始作不朽巨著《道德经》或《老子》；老年时隐居楚国蒙山侍养父母，号"莱"或人称"老莱子"，被推崇为古代"二十四孝子"之一。还以现荆门象山所存的"老莱山庄""孝隐亭"等诸多遗迹、遗碑及民间传说，以及古文献中"老莱子言说"及"斑衣娱亲"孔子拜访""不朝楚王"等民间故事作为佐证。[41]

而据甘肃学者研究，老子晚年离周西行，带着儿子李宗、李宝出函谷关（今河南灵宝市东北），过散关（今陕西宝鸡市西南），入甘肃，经游天水、陇西、临洮、兰州、酒泉等地后，又回到陇西邑，落户临洮，最终在临洮东山"飞升（去世）"，而其子嗣则在此繁衍生息。《道德经》为经散关时应关尹令喜之邀而写。唐太宗李世民所修《氏族志》称："李氏凡十三望，以陇西为第一。"后世天下李氏都称老子为李姓"太上始祖"。临洮县岳麓山至今还有"超然台""说经台""飞升崖""文锋塔"（又名"笔锋塔"，相传为老子写经插笔的地方）等与老子有关的遗迹。[42]

各家之说皆有凭有据，何者为确，尚无定论。我们认为，老子终老故乡固然顺理成章，但秦地乃是古周代封国，老子出函谷关前往秦地，也不无可能。既然目前还拿不出任何有力的证据确定老子终老归宿之地，姑且存疑，等待更多的证据出土或问世。

总结以上所列资料，我们可以大体推定：《道德经》的著作权属于老子，非他莫属；老子所著《道德经》，大约问世于公元前5世纪前后，即春秋战国交替时期。

其时正当我国历史上继夏、商之后第三个世袭制王朝——周朝开始走向全面衰落之际，诸侯林立，兼并剧烈，社会动乱，人心不安。而在学界、文坛、思想界，则出现了百花齐放、百家争鸣的繁荣局面。关注天下大势走向，寻求救世处世良方，成为当时清醒知识分子的共识。

《道德经》恰在此时应运而生。

二、《道德经》的文本变迁与研究历史

打开一部波澜壮阔的道学研究史，我们可以看到，不仅是老子和他的书遭遇曲折，在秦汉之际《道德经》出现"定本"，即众所周知的通行本后，对它的争议也没有终止，屡屡出现百家争鸣的热闹景象。

究其原因，盖因为囿于研究者身份、地位、眼界、学识以及价值观

念、利益追求等限制，对《道德经》的解读和联想不同，因而出现种种争议。这些争议，既有慧目独具、集思广益之效，亦有浮光掠影、鱼目当珠之嫌。凡此种种，充分证明老子发出"吾言甚易知，甚易行；天下莫能知，莫能行"的浩叹，确是"言有宗，事有君"，绝非无的放矢。

天下人对《道德经》"莫能知，莫能行"的表现多多，从文本变迁、篇章划分，到训诂、诠释，均有所说，但多为一管之窥，一得之见，而少有令持异见者（包括笔者在内）心悦诚服之作。在此，我们仅取其荦荦大者十数种罗列如下，期冀对所有有志于真正"读懂"《道德经》的读者有所启发。

（一）《道德经》文本的历史变迁

《道德经》因文字简约，意蕴丰富，易于传抄，故而在后世出现了许多不同的文本。随着 20 世纪下半叶一系列出土文物陆续问世，《道德经》的许多古老文本相继出现。目前能够见到并为学界所公认的、最有代表性的文本有如下六种。

一是 1993 年 10 月于中国湖北省沙洋县纪山镇编号为郭店一号的楚国墓室中发现的甲骨文竹简本《老子》三篇（简称楚简本），据学者研究大约成书于战国中期，有中国最早的书籍之称。其内容与传世诸本颇有不同，字数也只有通行本和帛书本的三分之一左右（约 1700 字），是目前发现的《道德经》最古老的文本。学界一些人认为它最接近老子的思想。

二是 1973 年在湖南长沙马王堆 3 号汉墓出土的帛书《老子》甲、乙两种写本（简称帛书本）。全卷分上篇《德经》和下篇《道经》两部分，不分章，与《韩非子》的《解老》《喻老》所引《老子》文本次序一致。上下篇卷尾分别注有德"三千四十一"、道"二千四百二十六"，共计 5467 字。两种《老子》抄本大体相同，但和河王通行本在文字上和篇章次序上都有较大出入。有学者认为这是目前发现的最权威文本。

三是 2009 年初北京大学接受社会捐赠，得到 3300 多枚竹简，内有二十多种珍贵历史文献，大约抄写于西汉中期，其中的诸子类著作中有保存完整的汉代《道德经》古本（简称汉简本）。这个文本分为《老子上经》和《老子下经》两部分，共七十七章（《上经》四十四章，《下经》三十三章），内容与世传"通行本"大体一致，但文字与郭店楚简和马王堆帛书均有诸多不同之处。有学者认为，它在《老子》一书的文献整理、校勘上具有较高价值，有助于进一步认识《老子》一书形成、发展、定型的过程，也为探讨古本《老子》分章问题提供了颇为齐备的资料。

四是从汉魏以来即广为流传的汉《河上公老子章句》和魏晋王弼《老子注》所用的《道德经》通用文本，即我们通常看到的河王通行本（或通用本）。因学者们普遍认为该文本较为系统地保留了《道德经》的文字和内容，且是首次以章句形式为《道德经》划分篇章、断句、训诂、判定词意、阐发义理，故而从汉魏以来广为流传，成为众所公认的权威文本，时间长达近两千年，直至20世纪中下半叶马王堆帛书、郭店楚简本及北大汉简本先后出现。有人认为这个通行本是由汉代宫廷学者刘向"勘定"的，但因刘向生卒时间晚于传说中的河上公一百多年，且在汉代以前就有所谓"项羽妾墓本"出现，故此说在学界屡遭质疑。

五是唐初学者傅奕整理勘定的《道德经古本篇》（简称傅奕本）。北齐后主高纬武平五年（公元574年）彭城盗墓人开项羽妾冢，得《老子》写本一部。傅奕以此为母本，参考了另外九家注本进行整理，校订为《道德经古本篇》，共5556字。这个校本与帛书文字有许多类同之处，但体例与通行本有所不同，《道经》在《德经》之前，且保存了较多的古句、古语、古字。两篇八十一章，每章均以字数为章题，如"第一章五十九言"。这表明在秦汉以前已经有此分法，对研究《道德经》文本的发展沿革有一定参考价值。唯因其是根据几个存在多处讹误的旧本参校，且在流传过程中被后人窜改甚多，致使讹文、衍文、脱文、词语倒置之处多有出现，有些篇次及文章内容已非《老子》原貌，再据帛书《老子》勘校，讹误尤甚，故而至宋元之后，已极少流传。

六是河北易县龙兴观经幢（石碑）所刻唐玄宗李隆基御注《道德

真经》碑文（简称龙兴观本）。这座经幢上的经文是按照唐开元二十一年（公元733年）玄宗皇帝注本镌刻的。因龙兴观建于唐景龙二年（公元708年），故龙兴观经幢文本又称景龙碑本。当时全国各地兴建了多座类似的经幢，影响极大，在马王堆帛书和郭店楚简出土之前，它一直是校译老子《道德经》的重要实物资料。唐宋之际《道德经》多被改称为《道德真经》，这种习惯一直延续到明清时期。

比较这六种主要文本的异同，可以清晰地看到，《道德经》文字、内容和结构形式，从春秋战国到唐代即发生了极大的变化。唐代以后，这种变化仍继续发生。从历史角度看，《道德经》文本的发展变化，大致经过了春秋战国、秦汉魏晋和唐宋元明清三个大的历史阶段，出现了三个不同的文本系列：一是春秋战国系列，以《文子》《庄子》《韩非子》及楚简《老子》为代表；二是秦汉魏晋系列，以《吕氏春秋》《淮南子》、刘向"定著"、严遵《老子指归》、马王堆帛书、北大汉简、河王通行本为代表；三是唐宋元明清系列，以傅奕本、龙兴观本、元吴澄、李道纯本以及后来发现的敦煌抄本为代表。

春秋战国时期是《道德经》广泛传播但还没有形成固定文本的时期，楚简《老子》开始比较集中地记载《道德经》的文字，但内容残缺不全（基本没有《道经》内容）。汉魏时期是《道德经》的文本格式逐渐趋于稳定的重要过渡时期。从《吕氏春秋》和《淮南子》摘引发挥到刘向"定本"、严遵《老子指归》、马王堆帛书、北大汉简及河王通行本，《道德经》文本基本上定型为《道德经》和《德道经》两种，文字和内容大体一致。南北朝时期随着河王通行本出现，《道德经》文本基本上趋于稳定，内容有所扩充。唐宋以后河王通行本被广泛采用，但在传抄过程中仍被不断地修改、勘定，包括文字加工修饰和篇目、章节划分。

从传播方式和内容变更可以看出，《道德经》在早期传播过程中，便被引用者用来印证自己的思想和观点。即使像《文子》那样距《道德经》问世不远的诠释之作，很多发挥已经超出《道德经》的范围，同老子的观点和理论时有出入。《庄子》《韩非子》等更不例外。秦汉定型时期，更经过儒家的大量改造，通过以儒解老的方式，将儒家的思想和理论注入《道德经》。随着文字传抄变得越来越简易，"定型"之后又经过儒、佛、道（教）三家各种修改，使它的内容更加丰富也更加芜杂，因而与它的本来面目相差愈来愈大。

所以，我们认为，研读《道德经》，不宜拘泥于任何一种文本，也不必在一些彼此相异文字细节上过细推敲，只需对照各种文本，掌握它的主要思想和内容就可以了。

（二）《道德经》书名的由来

我们现在读到的《道德经》，在春秋战国时被称为《哲人令德》[43]《义律》《义经》[44]《周书》[45]《黄帝书》[46]《周训》[47]《老子》[48]；在秦汉时被称为《上至经》[49]《老子》《五千言》《老子五千言》《老子五千文》等，以及《老氏》[50]《虚无之言》[51]《道志》[52]《二经目》《老子二经目》[53]《河上公老子道德经章句》[54]《老子上下经》[55]；汉魏始有《道德》《德道》[56]《道德经》[57]之名；三国时称《素书》[58]；魏晋时犹称《老子经》[59]《老子道德经》[60]；至唐宋则变为《上经》《道德真经》[61]，而在道教中则被尊称为《道德玄经》《太上老君道德真经》，等等，不一而足。《道德经》是从魏晋王弼注本开始沿用至今的"通行本"篇名。

古人著书立说，一般不署书名篇名，也不签署撰著者姓名。有人引用，只标明"某某曰""某某道"，就可以了。正式称书，则直呼著者尊姓大名，或在姓或名后加一"子"（先生）字以表尊崇，如《杨朱》《环渊》《文子》《墨子》《庄子》《韩非子》，等等。依照当时命名惯例，《道德经》的"学名"应当是《老子》。

但由于其作者和书名历来没有清晰记载，所以才出现了前文所述的诸多"异名"。而早在这种种"异名"之前，则是"无名"——既无书名又无篇名。这完全符合当时诸子百家传播的实际情况。有学者认为《老子》之名为《韩非子》中《解老》《喻老》篇所创。但在《文子》一书中，就屡屡出现"老子曰"字样，说明《老子》之名，早在《韩非子》问世之前两百来年已经出现，只是当时并没有得到广泛应用而已。

长期以来,《老子》一书一直处于"无名"状态。

这种状况,直至秦汉之际才有改变。唐初学者傅奕所注《道德经古本篇》,底本即为南北朝人挖掘项羽妾冢所得。如果傅奕的"校定"本没有对该底本的体例做大的改变,则说明早在项羽刘邦楚汉相争之前,《道德经》就有上下经之分,且有相应的书名出现了。但傅奕自承在"校定"过程中参看过当时流行的多种文本,"校定"本在流传过程中又被多人多次窜改(唐玄宗的御注本就对傅本有多处改动),加之缺乏足够的资料佐证,我们今天已经很难窥见这个底本的原貌。秦亡汉兴,天下重归一统,经过长期战乱的广大民众迫切希望安定平和,休养生息,老子所主张的无为而治便理所当然受到普遍欢迎。为老子的学说"正名",自然被列入议事日程。所以汉代就相继出现了河上公的《老子章句》本、严遵的《老子指归》本、马王堆帛书《老子》甲乙本、北大汉简本《老子》上下经及道教首领张道陵的《老子想尔注》本等。但在整个前后汉时期,《道德经》仍被统称为《老子》,而极少有《道德经》之名。

唐释道世《法苑珠琳》[62]、释道宣《广弘明集》[63]及明焦竑的《老子翼》[64]中,均有汉景帝将《老子》"改子为经"的记载。[65]但在《史记·孝景本纪》及《外戚世家》等文中并无此类记载,在唐代之前亦未看到此类文字,故而尚需进一步寻找佐证。

据西汉经学家刘歆(公元前50—公元23年)《七略》称,其父刘向(公元前77—前6年)"雠校中《老子》书二篇,太史书一篇,臣向书二篇,凡中外书五篇,一百四十二章。除复重三篇六十二章,定著二篇八十一章。《上经》第一,三十七章;《下经》第二,四十四章。此则斠理之初、篇章之本者也。但不知删除是何文句,所分章何处为限?中书与向书俱云二篇,则未校之前已有定本。"[66]这是我们看到的称《老子》为"经"的最早记载。西汉著名文学家扬雄(公元前53—公元18年)与刘歆同时且是密友,在一篇署名扬雄的《汉志·蜀王本纪》中,就有"老子为关令尹喜著《道德经》"的记载[67],这是《道德经》名字首次出现。但《汉书·扬雄传》中并未记载扬雄撰《蜀王本纪》之事,刘歆对此亦未提及，故有学者疑为后人伪托扬雄之名所作。司马迁在《史记·老子韩非列传》中曾提及："老子修道德……乃著书上下篇，言道德之意五千余言。"但并没有点明道德二字便是书名。

《老子》本书后题以"经"名者，正式史籍始见于班固《汉书·艺文志》："《老子邻氏经传》四篇。姓李，名耳，邻氏传其学。《老子傅氏经说》三十七篇。述老子学。《老子徐氏经说》六篇。字少季，临淮人，传《老子》。刘向《说老子四篇》……"[68]据南朝范晔《后汉书·淳于恭传》载，东汉明帝刘庄（公元28—75年）时，淳于恭"善说《老子》……进对陈政，皆本《道德》。帝与之言，未尝不称善"；同书《桓帝本纪》载，东汉延熹八年（公元165年）正月，桓帝刘志敕令陈相边韶作《老子铭》："见迫遗言道德之经。"[69]其后有三国道教名家葛玄《老子序》："作道、德二篇五千文上下经焉。"[70]西晋皇甫谧撰《高士传》："（老子）作《道德经》五千余言……以其年老，故号其书为《老子》。"[71]

就《道德经》这一名称来说，真正得到认可并开始广泛通用的，是作为道教经典的经名《道德真经》，全称《太上老君道德经》，在道教主要经典中排于首位。北宋学者、藏书家董迥《藏书记》还有"唐玄宗既注《老子》，始改定《章句》为《道德经》。凡言道者类之上卷，言德者类之下卷，刻石涡口老子庙中"之说。[72]《章句》的全称是《河上公老子道德经章句》，传说即是西汉隐士河上公授予汉文帝的两卷《素书》。但河上公之名在汉代以前的典籍中并无记载，仅在《史记·乐毅列传》中被司马迁提及（"乐臣公学黄帝、老子，其本师号曰河上丈人，不知其所出"）。[73]"河上丈人"之名也只在三国以后才见闻于世。《河上公老子道德经章句》亦称《老子河上公章句》《道德经河上公章句》《老子河上公注》，简称《老子注》，在《汉书·艺文志》中不见著录。《隋书·经籍志》始载"《老子道德经》二卷，汉文帝时河上公注"，同时又载"梁有战国时河上丈人注《老子经》二卷，亡"。[74]道教传说《河上公章句》为战国时道家神人河上公所撰，西汉时授予汉文帝，但无实际资料可资证明。现在流行的《老子道德经河上公章句》由东晋道教学者葛洪传世。葛洪乃三国著名方士葛玄（号称"玄仙"）侄孙，故有人怀疑河上公乃是葛玄的隐名，《老子河上公章句》可能是葛玄的伪托之作[75]，但也需要寻查可靠的典籍资料确证。

在隋唐之际，《道德经》之名和《老子》之名还是并行的。唐代皇帝根据司马迁关于老子"姓李氏，名耳，字聃"的记载，自认是老子李耳之后，先后尊《道德经》为《上经》《道德真经》及《老子玄通道德经》。[76]唐玄宗不光"改定"《章句》为《道德经》，还进一步把《道德经》"改定"为《道德真经》。[77]《道德真经》这个名字，在唐宋时期十分盛行。直至清代近代，才逐渐被《道德经》所取代，且继续与《老子》并行于世。

民国学者江瑔曾有"论六经之名本于道家"之说（见前文所引江瑔《读子卮言》），意谓《道德经》在诸子百家之前。也就是说，《道德经》甫问世便称经了。但当代学者谭宝刚经考证认为，在东汉班固之前并无典籍记载老子五千言称《道德经》，汉景帝改子为经乃是"西域人来中土传播佛法，借孔、老以抬高佛教，实是神仙家言，不可据为信史"。《老子》称"经"，在史迁之后，刘向之前，"始于王弼、皇甫谧生活的魏晋时期"。结论是："《老子》书题以'经'名在史迁之后刘向之前；而《老子》书名演变为《道德经》更迟至班固之后，萌发于汉末三国的边韶、葛玄，形成于魏晋之际的王弼、皇甫谧。"[78]

现在，《道德经》已经是被学界公认的与《老子》并列的名字了，而且在国际流行版中大有取代《老子》之势。

（三）谁为《道德经》划分篇章？

从目前所看到的《道德经》最古老的郭店楚简本看，其原本是只分三组，不分篇章的。《文子》十二章是将《道德经》的内容分为十二篇加以诠释，并未对《道德经》文本做任何划分。先秦诸子，包括《墨子》《列子》《庄子》《荀子》以至秦汉《吕氏春秋》《淮南子》在内，援引《道德经》文字语句，也从无任何篇章字样。《文》《庄》《吕》《淮》四书，都是对《道德经》作整体诠释的。

傅奕的《道德经古本篇》出自秦末项羽妾冢，出土时是什么模样已经无从得知。傅奕是如何"考窍众本"对其进行"勘定"的，两篇八十一章的划分是秦汉之前古人所作，还是傅奕自己所为，傅奕自己并未言明。刘向"定本"两篇八十一章，仅刘歆《七略》提及，而《七略》只在宋谢守灏《混元圣纪》中有载，同样不能确定其依据为何。长沙马王堆墓主利苍曾追随汉高祖刘邦打拼天下，功高封侯（轪侯）。其墓中帛书将《道德经》划分为《德经》和《道经》两篇，不分章（见《马王堆汉墓帛书老子》）。北大馆藏汉简经专家鉴定约抄写于汉武帝时期，分《老子上经》和《老子下经》两部分，上经相当于河王传世本《德经》，下经相当于河王传世本《道经》，《上经》四十四章，《下经》三十三章，全篇七十七章。[79] 严遵因"王莽篡治，遂隐遁炀和"，应是西汉后期人，其《老子指归》亦有上下篇之说，分为十三卷七十二章，并逐章命题，其内容与马王堆帛书大体相似。[80] 目前我们能看到的最早划分两篇八十一章的文本，还是世传河上公的《老子道德经章句》和王弼的《老子注》。除此之外，诸多注本在章节划分上还存在更多差异。如《史记》载"老子乃著书上下篇"，唐玄宗《御注》分七十八章，朱元璋《御注》分六十七章，李道纯《道德会元》、魏源《老子本义》均分为六十八章，等等。

河上公是个神秘人物。司马迁《史记·孝文本纪 / 乐毅列传》等篇中多次提及，但更多出现在三国葛玄《老子道德经序诀》、西晋皇甫谧《高士传》、东晋葛洪《神仙传》等道教典籍之中，新旧《唐书》和《太平御览》中也有记载，从中可知他在汉代初年便已存在。其生活年代亦有战国、秦汉及魏晋诸说。他的《老子章句》从何而来，历代典籍并无明确记载，据传由三国葛玄传世，但尚无可靠的历史资料佐证。两篇八十一章的划分有何依据，亦无从得知。

王弼的《老子注》来自何处，如何与河上公的《老子章句》密切衔接，成为传世两千来年的河王"通行本"，更是困扰读者多年的历史之谜。不过笔者发现《三国志》中有一段关于建安七子之一王粲的记载，或许有助于我们略窥个中端倪。这段记载说的是：王粲少有才名，很得汉末大儒蔡邕（蔡文姬之父）赏识，蔡邕死后把他的大批藏书都留给了王粲，而王粲乃是王弼的叔祖，王弼的父亲王业还曾过继给王粲为子，蔡邕的遗书自然便落到王弼手中了。蔡邕在当时名满天下，藏书甚丰，《道德经》又是汉代皇室珍贵典籍，蔡邕当然不会错过，而且极可能就是河上公的《老子章句》。[81] 而据何劭《王弼传》载，王弼"幼而察慧，年十余，好老氏，通辩能言"，是当时有名的"神童"，年未弱冠，便受到身为吏部侍郎的何晏推重，"叹之曰：仲尼称后生可畏，若斯人者，可与言天人之际乎！"[82] 由是观之，王弼《老子注》与河上公《老子章句》一脉相承，通行流传两千来年，乃是顺理成章的事。

现在不少人都以为将《道德经》划分为两篇八十一章是王弼或河上公所为。其实就傅奕《古本篇》和刘向"定本"而论，始作俑者是谁，很难做出定论。但无论是谁，用简单粗糙、依序分割的方式，为文字极简而内涵极富，结构复杂、"道德混说"的《道德经》划分篇章，显然是不适宜的，它只会让《道德经》变得更加支离破碎，增加读者阅读、理解它的难度。

通行本流行近两千年，对多数读者来说已经形成思维定式，其好处是可以"按图索骥"寻章摘句进行查询，有利于研习者相互交流，但它的弊病也是显而易见的。对此，我们应当有清醒的认识。

（四）《道德经》的篇章结构有何寓意？

对《道德经》篇章结构及其寓意的分析，也成为历代学者所注重的一大亮点。

宋代董思靖认为：

河上公分八十一章，以应太阳之极数。上经三十七章，法天数奇；下经四十四章，法地数耦。刘歆《七略》云：刘向定著二篇八十一章，上经三十四章，下经四十七章。而葛洪等又加损益，乃云天以四时成，故上经四九三十六章，地以五行成，故下经五九四十五章，通应九九之数。清源子刘骥曰：矢口而言，未尝分为九九章也。严遵以阳九阴八相乘为七十二，上四十章，下三十二章。王弼合上下为一篇，亦不分章。

今世本多依河上章句，或总为上下篇。[83]

汉严遵的解释是：

昔者老子之作也，变化所由，道德为母，效经列首，天地为象。上经配天，下经配地。阴道八，阳道九，以阴行阳，故七十有二。首以阳行阴，故分为上下。以五行八，故上经四十而更始；以四行八，故下经三十有二而终矣。阳道奇，阴道偶，故上经先而下经后；阳道大，阴道小，故上经众而下经寡；阳道左，阴道右，故上经覆来，下经反往。反覆相过，沦为一形，冥冥混沌，道为中主，重符列验，以见端绪。下经为门，上经为户。智者见其经效，则通乎天地之数、阴阳之纪、夫妇之配、父子之亲、君臣之仪，万物敷矣。[84]

汉扬雄在《太玄经》中阐述"玄生万物，九九归一"的观点："陈其九九，以为数生，赞上群纲，乃综乎名。八十一首，岁事咸贞。"[85]

北大汉简本分《老子上经》和《老子下经》，共七十七章，《上经》德经四十四章，下经《道经》三十三章，寓意："阴三阳四，天三地四，天圆径一围三，地方分一为四"[86]。

晋葛洪《老子经序》："老子著上下二篇八十一章五千余言，故号曰《老子经》。……所以分为二篇者，取象天地，先道而后德。以经云道之尊，德之贵。尊故为上，天以四时生，地以五行成。以四乘九，故卅六以应禽兽万物刚柔；以五乘九，故卌五以应九宫五方四维。九州法备，因而九之，故九九八十一，数之极也。"[87]

宋黄茂材《老子解》："道与德虽有二名，实相为用，不可离也。今世学者乃分上经为道，下经为德，甚非作书之旨。又曰：《易》六十四卦，八八之数也。老子之书八十一章，九九之数也。老子与《易》相为表里，其后扬子云作《太玄》以推《易》，亦有八十一首，盖得于此。"[88]

北宋道士陈景元亦在《道德真经藏室纂微篇》中说："道经居先，德经居后，上下二卷，法两仪之生育，八十一章像太阳之极数。是以上经明道以法天，下经明德以法地。天数奇，故上经三十有七章；地数偶，故下经四十四章。"[89]

学者丁四新认为，刘向本章数设定的依据是其子刘歆的《三统历》，总章数八十一源自太初历的日法数，上下篇的三十七对四十四依据中数五六之比而裁定，汉简本七十七章源自四七二十八宿的天文图像，上下篇数四十四和三十三则依据"天三地四"之说[90]。

所有这些，都与《易经》中的"九九之数"和"阴阳"概念密切联系。

《黄帝内经》谓："一以法天，二以法地，三以法人，四以法时，五以法音，六以法律，七以法星，八以法风，九以法野。"又谓："一天二地三人四时五音六律七星八风九野。"[91]因为古人赋予一至九这几个数字以特殊内涵，春秋战国的阴阳学派特别重视"九"的学问，汉代经师特别重视九九之数，解释《易经》常将其与阴阳之学密切相连。《道德经》在汉代由儒家"定著"，自然被牵强附会为八十一章。严遵的《指归》七十二章和扬雄的《太玄》八十一章，也都与"九数"密不可分。

《易经·系辞》中有"一阴一阳之谓道""形而上者谓之道，形而下者谓之器"之句。[92]所谓"阴阳"，乃是古人对促使事物发展变化的对立统一规律的习惯表述，"形而上"指脱离或凌驾于具体事物的抽象概念和规律，"形而下"则指有形有质的具体事物，即"器"。"道"便是"阴阳"和"形而上"的代名词。阴阳和九数有何联系？请看《易经·系辞》中常为汉经学家们引用的两段文字：

《易》有太极，是生两仪。两仪生四象。四象生八卦。八卦定吉凶，吉凶生大业。

天一，地二；天三，地四；天五，地六；天七，地八；天九，地十。天数五，地数五。五位相得而各有合，天数二十有五，地数三十，凡天地之数五十有五，此所以成变化而行鬼神也。大衍之数五十，其用四十有九。[93]

这里的"太极"，就是阴阳未分的混沌状态，照老子所说，即"有物混成，先天地生"的"天地母"。"两仪"即阴阳，"四象"为少阳、太阳、少阴、太阴，"八卦"即乾、兑、离、震、巽、坎、艮、坤八种卦象。

"天数五，地数五，五位相得而各有合。天数二十有五，地数三十"，是把"天"的五个单数相加得二十五（1+3+5+7+9=25），"地"的五个双数相加得三十（2+4+6+8+10=30）；"凡天地之数，五十有五"——25+30=55。

有趣的是"大衍之数五十，其用四十有九"。"衍"即推演，"大衍"就是推演天地变化。古代人推演天地变化，通常用五十根蓍草做占卜之具，但要取出一根不用，只用四十九根。何故？因为天数五个单数的中间数是五，地数五个双数的中间数是六。按照阴阳万物"盛极而衰"的原理，五和六都是极盛转衰的"极点"，故应去除。于是得出天（阳）55-5=50，地（阴）55-6=49。按照老子"道冲，而用之或不盈"的观点，阳足阴虚，阳盈阴不足，取49才能持续不断地发挥作用。

这些道理讲起来很复杂，听起来也很"玄"，但汉儒们就是这样解释的，《道德经》的篇章划分便是这样来的。汉魏以来的道学家们也基本上都是循规蹈矩，按照这个路数理解的。

不过南宋另一道教学者邵若愚却持不同见解。他说：

据《史记》略曰：老子为守藏室之史，周衰，遂去。关令尹喜曰：子将隐矣，强为我著书。上下篇，言道德之意五千余言而去，莫知其终。缘其史有上下篇目之文，后人因之，上卷说道，下卷说德。今以理考，道德混说，无上下篇，此史辞之流言，今以除去。

又不知何人不审正文前后本意，分为八十一章，惟务其华，图象阳数，此以戏论，无益于人，今亦除去。

又创立篇名，狭居其事，言理不当，今亦除去。此书义不连环者，当时关令不解征问，而老子自陈其事，或引前圣之语，所以文意断续，其辞重叠者，如父母慈心，训之切切。[94]

对此，清代学者魏源另有评论。他在《老子本义·论老子》中说：

文景曹参之学，岂深于嵇阮王何乎？而西汉西晋燕越焉。则晋人以庄为老，而汉人以老为老也。岂独庄然！解老自韩非下千百家，老子不复生。谁定之？彼皆执其一言而阆诸五千言者也。取予翕辟，何与无为清静。刍狗万物，何与慈救慈卫。玄牝久视，何与后身外身。泥其一而诬其全，则五千言如耳目口鼻之不能相通。夫不得言之宗，事之君，而徒寻声逐景于其末，岂易知易行而卒莫之知且行，以至于今泯泯也。

河上公注不见汉志，隋始有之，唐刘知几即斥其妄。所分八十一章，与严君平道德指归所分七十二章，王弼旧本所分七十九章，皆大同小异。又谷神子以"曲则全"章末十七字为后章之首，唐君相以"绝学无忧"系上章之末。讫元吴氏澄，近日姚氏鼐，又各以意合并之，而姚最舛矣。史迁统言著书五千余言，而妄人或尽剪语词以就五千之数。傅奕定本又多增浮文。王弼称佳兵不祥章，多后人之言。傅奕谓常善救人四语，独见诸河上之本。韩非最古，而所引恒逊于淮南。开元御注，而赘文臆加于食母。其他漓玄酒、和太美者，何可胜道。矧夫流沙西去之诞，燕齐迂怪之谭哉！著其是，舍其非，原其本，析其歧，庶窃比于述而好古者。[95]

台湾当代学者萧天石也批评：

尝试观之，韩非之解，谲而不正；河上之言，玄而不经；辅嗣（王弼）之注，精而不赅；葛玄之说，杂而不纯；等而下之，更无论矣！不溺于儒，即溺于佛，不溺于神仙之道，即溺于方士之术。就使注愈多而道愈晦，解愈众而理愈涩，肤识曲笺，因托附会，纷歧百出，面目全非。于焉群相误认老子为坚瓠之不可食，因愚误愚，以盲引盲，而犹沾沾自得，良深浩叹！实则《道德经》五千言，裁成辅相，因物与合；大无不包，小无或遗；无形无迹，而无与不化；无方无所，而无适不宜；冒天下之务，通万世之变，岂可以一隅之学方之哉！[96]

这些评判，都可以说是一针见血。遗憾的是并没有引起道学者们足够的重视。毕竟，传统的惰性太不容易撼动了。

（五）《道德经》研究形式的历史演进

因《道德经》文字简洁深奥，含义博大精深，千百年来，为其作注作疏者不计其数。此一工作，应该是从春秋战国时就开始了。迄至战国后期田齐创立稷下学宫之时，《道德经》已经成为与儒、墨并立的"显学"之一，在百家争鸣中独树一帜，形成著名的"黄老学派"。

司马迁在《史记》中追述先秦学术时就多次提及黄老学派中的代表人物，如申不害、慎到、田骈、环渊等，称他们"喜刑名法术之学，而其归本于黄老""皆学黄老道德之术，因发明序其指意"。[97]

这些"发明序其指意"之作，大约就是对《道德经》进行注释的开端。

所谓注释，一般来说，是对经典著作的语汇、内容、背景、引文所作的介绍和评议。我国古代对注释划分得十分详细，包含内容也十分广泛。举凡字词音义、时间地点、人物事迹、典故出处、时代背景等，都包括在内。从形式来说，又有脚注、篇末注、夹注等类型。为经典著作作注释，发端于春秋战国时期。被注释的经典著作称经，为经典著作所作的注释称传。如"春秋三传"（即《左传》《穀梁传》及《公羊传》）就是为孔子所撰《春秋》一书所作的注释。

大体来说，注释又有注、释、传、笺、疏、章句之分。"注"侧重于文字解释（训诂字词），"释"是对思想内容的阐发（疏释文义），"传"是对经典著作的注解和发挥，"笺"是对传中要点的标注和补充，"疏"又是对"注"和"释"的进一步注解和说明。"注疏"又被称为"正义""义训""义疏"，即"注释经传而得义之正"的意思。"章句"是将文章分篇为章，析章为句，再依照古文文辞的休止、行气和停顿进行断句（又称"句读"，音 jù dòu）。这是一套相当复杂的古文阅读程序。

现在我们能看到的最古老的注本是春秋辛钘所著《文子》。这是一部全面、系统阐述老子思想观点的著作。但《文子》一书所阐述的观点，与老子的思想并不完全一致，这一点通过对《文子》和《道德经》相同论题的对比即可看出。《文子》之后，才有《庚桑楚》（《亢仓子》）、《关尹子》《列子》《环渊》《墨子》《庄子》《慎子》《韩非子》以及秦汉的《吕氏春秋》和《淮南子》等一系列著述出现。这些著作的一个共同特点，是作者们都在自己的著作中借题发挥。他们借诠释《道德经》中的某个观点、立论、名词概念，甚或摘取《道德经》中的片段语句，来阐述自己的理论和主张，许多"注释"都超出了《道德经》的范围，其中以《庄子》《吕氏春秋》和《淮南子》最为突出。而少有像《文子》那样抽取一系列重要观点和理论，对《道德经》进行整体诠释的。就我们所知，《文子》之后，只有元代杜道坚的《道德玄经原旨》《道德玄经原旨发挥》[98]及当代学者王力的《老子研究》[99]是对《道德经》进行整体分析和研究，可谓凤毛麟角。

通过注释将《道德经》的文字浅近化、通俗化、大众化这一工作，是由汉魏南北朝的多位学者逐步完成的。其代表作就是刘向的"定本"、河上公的《老子章句》、严遵的《老子指归》、张道陵的《老子想尔注》及王弼的《老子注》。河上公的《老子章句》和王弼的《老子注》，首次对《道德经》的章、句、字词作详细注释，将言简义丰、艰涩深奥的《道德经》文字变得明白晓畅，通俗易读。这对《道德经》的广泛传播起到了极大的促进作用，在《道德经》研究史上具有里程碑式的重要意义。不足之处是用简单切割方式为《道德经》划分篇章，放大了《道德经》内容复杂、结构散乱的缺陷，给读者完整、全面地理解掌握其核心思想和系统理论造成新的困难。

魏晋南北朝时期，注释《道德经》逐渐形成风气，迄至唐宋达于高潮，宋代成果最为辉煌。在此期间，不仅多位道学学者热衷于从事《道德经》的研究和注释，连梁武帝萧衍父子以及僧慧琳、鸠摩罗什等佛教界人士，都成为研究、注释《道德经》的活跃人物。

唐宋两代多位皇帝都对《道德经》研究十分重视，唐玄宗和宋徽宗都有"御注"《道德经》问世，唐玄宗甚至一生两注《道德经》。在他们的带动之下，朝野研究《道德经》蔚然成风，从朝廷重臣到隐士学者几乎都卷入其中。唐宋两代六百余年涌现出的《道德经》研究成果，几乎等于从春秋战国到南北朝一千多年研究总成果的数十倍之多，而且出现了许多高质量的出色作品。如唐玄宗、宋徽宗的"御注"，陆德明的《老子音义》，成玄英的《老子道德经开题序诀义疏》，王安石、吕惠卿、苏辙的《老子注》等，堪称中国道学发展史上的黄金时代。

金元时期因社会历史原因，虽成果不多，但也出现了好几位重量级的优秀道学研究专家，留下多部很有分量的研究专著。如赵秉文的《道德真经集解》、李霖的《道德真经取善集》、寇才质的《道德真经四子古道集解》、李道纯的《道德会元》、吴澄的《道德真经注》、刘惟永和丁易东的《道德真经集义》、薛致玄的《道德真经纂微篇》等。还有多位民间道学者的大量作品散佚，或留有作品而作者佚名。道学家们在动乱年代身处逆境，依然孜孜不倦戮力深耕的治学精神，令人敬佩。

（六）集释在《道德经》研究中的重要意义

引人注目的是在唐宋交替时期，还出现了张君相、杜光庭、强思齐、彭耜、董思靖等道学学者的《道德经》集释，就是把前辈学者对《道德经》的注释、训诂、校勘等研究成果汇集起来，进行对比研究，考证真伪、辨析优劣、评价得失。

据记载，唐代道学家张道相（张君相）编撰集注《道德经》七卷，凡三十家；五代前蜀道学家强思齐编撰《道德真经玄德纂疏》二十卷，收集保存了许多已经散佚的珍贵资料；金元时期李霖的《道德真经取善集》、刘惟永和丁易东的《道德真经集义》及明代焦竑的《老子翼》，都收集到六十多家（这些集注大都保存在《道藏》之内）。焦竑的《老子翼》辑录韩非以下解《老子》者六十四家，而附之以《笔乘》，共成六十五家，"仿李鼎祚《周易集解》，荟萃众家精语，其音义训诂则仿裴骃《史记集解》"，得到清《四库全书》总编纂纪昀高度评价，赞其"大旨主于阐发玄言，务明清净自然之理"，"于诸家注中为博赡而有理致"。[100]

这些集注有如下几个突出特点。

其一是搜集了在当时影响较大的各种注释文本，保留了许多被湮没的珍贵资料。例如已经散佚的唐代重玄派代表人物成玄英的《老子道德经开题序诀义疏》，就是由强思齐等人的集释保留下来的。

其二是通过不同注释文本的不同见解、不同诠释来寻求对《道德经》有关内容的最佳解释，深刻挖掘和理解老子的"本义"（魏源语）。如彭耜的《道德真经集注·释文》就把多家注释中对《道德经》中多个字、词、句的解释罗列在一起进行比照，之后拿出自己认为合理的答案（这种方法对研究《道德经》起到了极大的启示作用）。

其三是在广泛汲取前人《道德经》研究成果的基础上，对老子的哲学、政治、人生等一系列成系统的思想和观点进行总结、提炼和发挥，将对《道德经》的研究提高到新的层次，推进到新的阶段。这一方面的例子不胜枚举，从杜光庭的《道德真经广圣义》、李霖的《道德真经取善集》、刘惟永和丁易东的《道德真经集义》及焦竑的《老子翼》，即可看出其明显的区别。

这是一种新的研究方式，相当于现在对某一重要科研课题的综述，对当时及其后的《道德经》研究的深入和提高，起到了承前启后的重要作用，在《道德经》研究史上有不容低估的学术价值。

一部好的集释，就是一部对前人研究《道德经》成果的综述和综评，相当于一场《道德经》研讨会记录，或一部小型的《道德经》研究集锦。高质量、高品位的集释，更对促使《道德经》研究进入新的层次具有不可忽视的推动作用。它通过对前人研究成果的对比和总结，不仅可以释疑、解惑、探微索隐、深化对原典的理解，还可以集思广益、得到启发，开辟新思路、新途径，撷取新的研究成果，开创新的研究局面。其沟通、接轨、继往开来的"桥梁"作用，是显而易见的。

集释也是个高效学习的过程。隋唐以来多位有成就的道学大家，基本上都有过或长或短的集释经历，如傅奕的《道德经古本篇》、成玄英的《开题义疏》都有明显的集释痕迹。但卓有成就者则非张道相、杜光庭、强思齐莫属。其后的范应元、彭耜、李霖、刘惟永、焦竑诸人，又在前人集释的基础上有所提高，或扩大集释范围，或选择集释精品，不断地总结、吸收前人研究的积极成果，提高自己的研究质量，均取得了引人瞩目的成果。[101]

唐宋时期，尤其是宋代，《道德经》研究出现了十分活跃的局面，涌现出大批高质量、高品位的《道德经》注解、训诂、校勘、译释作品。元代张与材所说"道德八十一章，注者三千余家"，几乎有近半出现在宋代。宋代有名望的高官硕儒如欧阳修、王安石、司马光、苏辙等，差不多都有《道德经》注问世，且质量、品位不同凡响，这些集释极大地促进了《道德经》的研究发展。

遗憾的是，明代以后，集释工作基本陷入停顿状态，很少再看到新的、有分量的集释之作出现（清代、近现代我们仅发现徐永祐和曹聚仁两部）。大批学者热衷于从事"师承"之学，即认定某位"权威"之作逐代传承，缺乏集释学者们的广阔视野，因而很难取得突破。这不能不说是近世《道德经》研究的一大缺憾。

（七）断句、注解的种种争议

注疏中首先遇到的是断句，即古人所说"句读"问题。

由于古代的语言文字和表达方式发展到今天已经发生了极大的变化，加上中国文字一字多义、在不同语境中有不同蕴意的特点，对古人著述有不同的理解，做不同的阐释，是很正常的。这一点对文字高度凝练、简约的《道德经》来说尤其突出。

我们在研习《道德经》的过程中，就多次遇到同一句话有不同断句方式、同一个字有不同理解的复杂情况，常常感到无所适从。

例如通行本开篇五十九个字中"无名天地之始有名万物之母"十二个字，最具代表性的就有河王"无名，天地之始；有名，万物之母"和王安石"无，名天地之始；有，名万物之母"两种断句。"无名""有名"和"无，名""有，名"的含义，是截然不同的，连词性都迥然相异（见本书《提示：读懂这五十九个字至关重要》）。

对开首"道可道非常道名可名非常名"的断句和诠释，也存在不少歧义。仅"道可道非常道"六个字，就有多种不同的解释。如：

"道，说得出的，它就不是永恒的道"；[102]

"道是可以说清楚的，但不是人们一向所说的那样"；[103]

"道可、道非，都是常道"；[104]

"道理都能够用来指导行动，但都不能用来指导一切行动"；[105]

"我所言之道，是我所赞成之道，但此道却是非常之道"；[106]

当然还有更为普遍的译法，那就是："道，如果可说，则非常道"，或"道是可说的，但都非常道"，但总给人一种很别扭的感觉。

较为特殊的是如下两种断句方式：

"道，可道，非，常道。"译文："道是可以践行的，但不是永恒、周遍的道。"[107]

"道可，道非，常道。"译文："道路可以用道路来称呼，但它不是指形而下的道路。"[108]

再看通行本第二十五章"王（人）法地地法天天法道道法自然"一段，唐代李约注：

域中有四大，而王居其一焉。道已下三大，皆自道而生。王已上三大，皆令王法则。人法地地，地体静载而生物，法之者令与地同，同地故云地地也。法天天，天德广覆而无私，法之者令与天同，同天故云天天也。法道道，道性忘功，法之者令与道同，同道故云道道也。法自然，人能法三者，皆与为一，始可称王尔，则为万人之中一人尔。言地天道三者，皆有自然妙理，王者当法之尔。自然理者，是覆载生成皆不私也。

道大，天大，地大，王亦大，是谓域中四大。王者法地、法天、法道之三自然而理天下也。天下得之而安，故谓之德。凡言人属者耳，其义云"法地地"如地之无私载，"法天天"如天之无私覆，"法道道"，如道之无私生成而已。如君君、臣臣、父父、子子之例也。后之字者谬妄相传，皆云"人法地，地法天，天法道，道法自然"，则域中有五大非四大矣。[109]

他首次把"人法地地法天天法道道法自然"断句为"王（人）法地地，法天天，法道道，法自然"，这种牙牙学语式的断句方式引起学界不少争议。

现代学者高明认为："李说虽辨，而历代学者多弃之不用或谓'乃小儿牙牙学语'单词重叠，非老子之义。虽说不词，但确为古之一说，况且如今尚有信从者。按'人法地，地法天，天法道'所言非王者只得'法地'而不得'法天''法道'，而谓人、地、天皆法于道。"[110]

学者高亨认为，地、天、道三字传抄误重，应是"人法地，法天，法道，法自然"。[111]

但古棣（关锋）则解释此四句说："'法地地'，是说以地之所以为地者，为法，地之所以为地，即地无私载；'法天天'，是说以天之所以为天者，为法，天之所以为天，即天无私覆；'法道道'，是说以道之所以为道者，为法。道之所以为道者的特质，即'道法自然'。'自然'便是自己如此，即自因、自成、自本、自根，'道法自然'，即道以自己如此，自成、自因为法，而不横加干预，亦即'无为'。这里'法'字有法则之意，君王要以大地的无私载、谦卑无争为法，以天之无私藏为法，以道之自然为法，从而道与自然归一。"[112]

高定彝与叶海烟也与古棣持相同看法。

高定彝认为，此处之法乃道之法，对道的遵循可以使得天、地、人三界秩序井然，得以理治，"此句表达了古人的系统论的观点，宇宙万物是一个整体，人、天、地、自然等构成了一个有层次、结构、整体的系统，相互联系，相互制约"。[113]

叶海烟指出，由王到地、天，最后到道、自然，"这一层层递进之中也有超越之意在其中，也即'法'可以扩充为'归向''超越'的意蕴，而不止于'依循''效仿'"。[114]

这些断句、分析和诠释，与常规理解相较，都有其独到之处，但无法得到学界普遍认可。有持批评意见的学者，甚至直斥其为哗众取宠的"闹剧"。

笔者认为，作为一家之言，它们都有一定的参考价值，可以启发、帮助我们从不同角度去探索、去审视《道德经》，挖掘它的丰富内涵，尽量接近老子的"本义"。应该看到，任何一部影响力巨大的名作，都会引起多层次、多角度、多方面的广泛关注和联想，带来多种多样的分析、判断和结论，这是十分正常的可喜现象。毕竟，一味追求标准答案或权威宣判的时代，已经一去不复返了。

但是，欲尽量贴近作者本意，就要注意遵循古汉语构成的一般规律，依照原典的整体结构和内容去分析理解字、词、语句，特别是重要的名词概念。尽量避免望文生义、断章取义、过分解读及误判、曲解原典，对读者形成误导。

（八）《道德经》的学说属性

关于《老子》的学说，或以为是消极无为的庸人哲学，或以为是积极进取的救世法宝；或以为是玩弄权术的权谋之学，或以为是神秘八卦的术数奇谈；或以为是存奸保命秘帖，或以为是为人处世的金科玉律；或以之为道教渊薮，或以之为气功养生宝藏。在《道德经》走出国门、西方哲学传入之后，又增加了它属于唯心论和还是唯物论、是主观唯心论还是客观唯心论的争论。

目前学界普遍认为，老子哲学的核心概念是"道"，老子哲学本体论可叫作"道"论。《道德经》围绕着"道"建构了一个独特的理论体系，"道"是《道德经》思想体系的核心。据统计，《道德经》全书八十一章中，直接谈及"道"的有七十七章，"道"字出现七十四次。（按：不同写本中出现次数不一，由七十三到七十七不等。七十四次含篇题）。老子运用形象、概念和推理方法，从不同层面阐述了关于"道"的哲学。

学界对什么是"道"也有争议，但通常将"道"理解为宇宙万物产生和发展的总规律、总根源。如唐君毅提出的老子言道之六义：道之第一义，有通贯异理之用之道；道之第二义，形上体道；道之第三义，道相之道；道之第四义，同德之道；道之第五义，修德之道及其他生活之道；最后，为事物及心境人格状态之道。[115]

陈鼓应认为："道"是老子哲学上的一个最高范畴，在《老子》书上它含有几种意义：（1）构成世界的实体；（2）创造宇宙的动力；（3）促使万物运动的规律；（4）作为人类行为的准则。[116]

对于老子思想属于唯物主义还是唯心主义、属于主观唯心主义还是客观唯心主义，学界存在长期争议。对此，任继愈先生认为：

衡量唯物主义和唯心主义的准则，只有看它认为物质存在是第一性，还是思维、精神是第一性，不能有另外的标准。在马克思主义哲学以前，从来没有一个哲学家能够把唯物主义思想和辩证法有机地结合，因而也没有一个哲学家把唯物主义贯彻到底的，老子也不例外。但是，唯物主义，毕竟是唯物主义，不能因为它有唯心主义的杂质而说它不是唯物主义。在哲学史上衡量唯物主义和唯心主义还要看它在思想战线上起什么作用。春秋战国时期思想战线上斗争最激烈的是对"天道观"的认识。老子主张天道无为，否认人格的神，用唯物主义的"道"代替了上帝，在当时思想斗争的主要战场上起着攻坚战的作用。他打击的是宗教神学、唯心主义，开辟了无神论的道路，在中国古代哲学中是唯物主义者在人类认识道路上的里程碑。因此，老子的哲学应属于唯物主义阵营。[117]

我们赞同任先生的观点且认为老子的唯物论是彻底的唯物论，因为他抓住了世界是由物质构成的这一"根本"（马克思语）。

（九）谁的研究最接近《道德经》的"本义"？

纵观《道德经》研究的整个历史过程，大体经历了注释、训诂、校勘、注解、今译、新译这样几个阶段。现在大量出现的，则是"探秘""秘笈""金句""智慧""开示""心得"之类的体会之作。

从春秋战国即开始"阐释"——对《道德经》中的主要观点和论题进行解释和发挥；秦汉之后进入训诂阶段，逐字逐句考证、解释《道德经》的文字含义；魏晋唐宋在对《道德经》整篇展开全面研究的同时，出现了考据、校勘、订正热潮；唐宋元明时期，出现"集解""集注"等新的研究形式，实际上已经将《道德经》研究推向新的历史阶段。元代正一天师张与材称"《道德经》八十一章，注本三千余家"，赵孟頫记名道士杜道坚所建通玄观揽古楼即"聚书数万卷，《道德》注疏何啻千家"[118]，均表明当时的《道德经》研究者们已经非常注意对已有研究成果的征集、比较和综合、总结。

这些注本作者和研究者当中，既有志在弘扬道家学说及道教教义的虔诚信徒，也有青灯黄绢信奉释氏学说的佛教僧人，亦不乏主张三纲五常信奉仁义礼智信的儒家学者；既有帝王将相，也有庶民百姓。可以说，自古至今，三教九流中，都有人在不断地研读《道德经》，注解《道德经》，诠释《道德经》，传播《道德经》。而且，几乎所有研究者都指责前人不懂《道德经》，只有自己的研修成果最接近老子的本义。但在后人眼里，他们仍然不是老子的知音，甚至沦落为自己所指责的"前人"。

例如，宋代程朱理学的代表人物朱熹就批评："《庄》《老》二书解注者甚多，竟无一人说得他本义出，只据臆说。"[119] 清世祖爱新觉罗福临（顺治皇帝）亦称："自河上公而后，注者甚众。或以为修炼，或以为权谋，斯皆以小智窥测圣人，失其意矣。"[120] 台湾学者严灵峰认为："注释《老子》虽多，但各有短长，可说没有一家能够从头到尾完全符合《老子》的原意。至于谁是长的，谁是短的，又因见智见仁，也无法确定。"[121] 任继愈先生更直言："后人可以用现代人的认识来解释老子，代替老子做进一步的阐发。但当年老子自己没讲清楚的问题，后代研究者、注释者替老子讲得再清楚，也不能认为是老子的思想。"[122]

这些论断，基本上符合历史事实，也已获得多数学者的赞同。

注释：

1. ［西汉］司马迁：《史记·老子韩非列传》，中华书局 1975 年版。

2. ［东汉］班固：《汉书·艺文志》，中华书局 2005 年版。

3. 见春秋左丘明《国语》之《楚语》《吴语》《越语》等篇，商务印书馆 1958 年版。

4. 见西汉刘向《战国策》中苏秦、张仪等纵横策士七国游说说词。参缪文远注《战国策》，中华书局 2006 年版。

5.《史记》卷四十《楚世家第十》，中华书局 1975 年版。

6. ［民国］江瑔：《论道家为百家所从出》，载《读子卮言》，华东师范大学出版社 2012 年版。

7. 崔浩原作已佚，此说见于南宋王十朋《策问》："至如疑五千言非老子所作，有如崔浩。"载《梅溪王先生文集》卷十三，上海商务印书馆影印，1946 年初版。

8. 刘真伦、岳珍：《韩愈文集校注·原道》，中华书局 2017 年版。

9. ［北宋］陈师道：《后山居士文集·理究》，上海古籍出版社 1977

年版。

10. [南宋] 朱熹:《晦庵先生朱文公文集》卷七十四《策问》,商务印书馆 1980 年版。

11. [南宋] 叶适:《习学记言》卷十五,上海古籍出版社 1992 年版。

12. [清] 毕沅:《老子〈道德经〉考异二卷》第二册《老子〈道德经〉考异序》,清乾隆四十六年(1781)平津馆丛书(影印版出版社及年代不详)。

13. [清] 汪中:《述学内外篇:述学·补遗·老子考异》,中华书局 2005 年版。

14. 楼宇烈整理:《康有为学术著作选:长兴学记、桂学问答、万木草堂口说》,中华书局 1988 年版。

15. [清] 崔述:《崔东壁文集·洙泗考信录》,上海古籍出版社 1983 年版。

16. 见赵尔巽等撰《清史稿》卷四百八十二列传二百六十九崔述条,中华书局 1976 年版。

17. 胡适:《中国哲学史大纲》,中华书局 2018 年版。

18. 梁启超:《评胡适之中国哲学史大纲》,《晨报副镌》1922 年 11 月 13—17 日。

19. 张怡荪:《梁任公提讼老子时代一案判决书》,《晨报副镌》1922 年 11 月 22—24 日。

20. 见顾颉刚等《古史辨》第一册,上海古籍出版社 1982 年版。

21. 同上。

22. 任继愈:《老子新译·绪论》(修订本),上海古籍出版社 1985 年版。

23. 涂宗流:《道之原:郭店老子研究》,汕头大学出版社 2006 年版。

24. 郭沂:《从郭店楚简〈老子〉看老子其人其书》,《哲学研究》1998 年第 7 期。

25. 韩高年:《山海经注译》卷十六《大荒西经》,中华书局 2020 年版。

26.［清］卢文弨:《群书拾补·风俗通义校正并补遗》,台湾商务印书馆 1978 年版。

27.［北宋］陈彭年、丘雍:《广韵》,明宣德六年（1431）清江书堂刻印本,北京国家图书馆藏。

28.［北宋］郑樵:《通志·氏族略四》,中华书局 1987 年版。

29.［南宋］王应麟:《姓氏急就篇·上》(《四库全书子部十一》),国家图书馆出版社 2006 年版。

30.［清］陈梦雷、蒋廷锡:《钦定古今图书集成·明伦汇编氏族典·老姓部》,中华书局 1948 年版。

31. 中国国家图书馆编:《族姓史料丛编:李氏、张氏、王氏、陈氏》,中华全国图书馆文献缩微复制中心 2000 年版。

32. 唐代林宝《元和姓纂》载:"帝颛顼高阳之裔。颛顼生大业,大业生女莘,女莘生咎繇,为尧理官。子孙因姓理氏";"裔孙理徵得罪于纣,其子利贞逃难伊侯之墟,食木子得全,因变姓李氏";"利贞十一代孙老君,名耳,字伯阳,居苦县赖乡曲仁里。曾孙昙,生二子:崇、玑。崇子孙居陇西,玑子孙居赵郡";"崇五代孙仲翔,生伯考,伯考生尚,尚生李广。广以后生唐高祖李渊"。引自林宝撰,岑仲勉校记《元和姓纂》,卷一"李"姓条,中华书局 1994 年版。

33.［清］黄秩模:《逊敏堂丛书姓氏考略》,影印道光木活字本,出版社不详。

34.［南朝宋］范晔:《后汉书》,中华书局 1965 年版。

35.［西晋］陈寿:《三国志》,岳麓书社 2002 年版。

36.［民国］张鹏一辑:《魏略辑本》,黑白影印本,出版社及出版年份不详。

37.［西晋］皇甫谧:《高士传》,商务印书馆 1937 年版。

38.［南朝梁］萧子显:《南齐书》,中华书局 1972 年版。

39. 金墨主编:《敦煌写经大系 / 法藏 P2007/ 老子化胡经卷》,中国书籍出版社 2015 年版。

40.［战国］庄周:《庄子》,万卷出版公司 2016 年版。

41. 楚木:《千古大隐老莱子——老子真迹考》,《荆楚风》2010年8月。

42. 陈维山主编:《临洮史话》,甘肃文化出版社2005年版。

43.《国语·景王问钟于伶州鸠》:"六曰无射,所以宣布哲人之令德,示民轨仪也。"

44.《逸周书·太子晋解》:"立义治律,万物皆作","修义经矣,好乐无荒"。见西晋孔晁注《逸周书》,浙江大学出版社2021年版。

45.《韩非子·说林》引《道德经》语皆称"《周书》曰"。

46.《列子》书中多处引老子言,亦称《黄帝书》。

47. 北大馆藏汉简道家类中有《周训》十四篇记载道家黄老一派言论,《汉书·艺文志》有著录但无文字。

48.《文子》《墨子》《列子》《尹文子》《战国策》等著述中,多有"老子曰"引语。

49.《吕氏春秋》高诱注:"老子到,喜悦之,请著《上至经》五千言而从之游也。"马叙伦先生以为《上至经》为《上下经》之讹。(见马叙伦著,许嘉璐、李春晓、翁美凤编《老子校诂》,浙江古籍出版社2020年版。)

50. 司马迁《史记·酷吏列传》、班固《汉书·酷吏列传》、东汉张湛《列子注》中引《道德经》文均署"老氏"。

51. 东汉班固《汉书·扬雄传》载有桓谭语:"昔老聃著《虚无之言》两篇。"

52. 东汉张衡《灵宪》载:"太素始萌,萌而未兆,并气同色,浑沌不分。故《道志》之言云:有物混成,先天地生。"见范晔《后汉书·志第十·天文志》,中华书局2007年版。

53. 汉严遵《老子指归》中有《君平说二经目》《老子二经目》篇目。见严遵《老子指归》,王德有译注,商务印书馆2004年版。

54. 传说西汉河上公的"老子注"名为《河上公老子道德经章句》,见王卡《老子道德经河上公章句》前言,中华书局1993年版。

55. 北大馆藏汉简将《道德经》分为《老子上经》(德经)和《老

子下经》（道经）两部分。见吴文文《北大汉简老子译注》，中华书局2021年版。

56. 汉严遵《老子指归》、马王堆汉墓帛书皆分《老子》为《德经》和《道经》两部分。

57. 汉扬雄《汉志·蜀王本纪》："老子为关尹喜著《道德经》。"另，东汉边韶《老子铭》、晋葛洪《老子经序》均有《道德经》之名。

58. 三国葛玄《老子道德经序诀》载："河上公付汉文帝《素书》两卷。"

59. 日本梅泽纪念馆藏完整河上公《老子》注本，前有葛洪《老子经序》。

60. 《老子道德经 王弼道德经注》，河上公章句，唐子恒点校，王弼注，边家珍点校，凤凰出版社2018年版。

61. 唐代称《道德经》为《上经》，唐玄宗御注《道德经》称为《道德真经》，《道德真经》此一名称在唐宋时期普遍使用。见刘昫《旧唐书·礼仪志》《旧唐书·艺文志》，中华书局1975年版。

62. [唐] 释道世：《法苑珠林》，江苏广陵古籍刻印社1990年版。

63. [唐] 释道宣：《广弘明集》，台湾中华书局1970年版。

64. [明] 焦竑：《老子翼》，黄曙辉校，华东师范大学出版社2011年版。

65. 唐释道世《法苑珠林》第四册卷55《破邪灾第六十二辩圣真伪第一》、释道宣《广弘明集》卷1《归正篇》均引《吴书》："（阚泽对孙权曰：）至汉景帝以《黄子》《老子》义体尤深，改子为经，始立道学，敕令朝野悉讽诵之。"明焦竑《老子翼》卷七亦载："《老子》之称经，自汉景帝始也。"

66. 刘歆《七略》已佚，但此说在汉班固《汉书·艺文志》、南宋谢守灏《混元圣纪》及董思靖《道德经集解》中均有记载。

67. 汉扬雄《汉志·蜀王本纪》："老子为关尹喜著《道德经》。临别，曰：'子行道千日后，于成都青羊肆寻吾。'今为青羊观是也。"见[清]卢文弨《抱经堂丛书》，北京直隶书局1923年版。

68. 班固《汉书·艺文志》内列道家著述多篇。除上述诸篇外，还有《文子》九篇，《蜎子》十三篇，《关尹子》九篇，《庄子》五十二篇，《老成子》十八篇，《长卢子》九篇，《王狄子》一篇，《公子牟》四篇，《田子》二十五篇，《老莱子》十六篇，《黔娄子》四篇，《宫孙丑》二篇，《鹖冠子》一篇，等等。可以看出，《文子》问世在秦汉之前；老莱子另有其人，不是老子。

69. [南朝宋] 范晔：《后汉书》，中华书局 2007 年版。

70. [三国] 葛玄：《老子河上公章句·序》，见王卞校《老子道德经河上公章句》，中华书局 1993 年版。

71. [西晋] 皇甫谧：《高士传·老子李耳》，商务印书馆 1937 年版。

72. 转引自宋彭耜《道德真经集注杂说》，浙江美术出版社 2021 年版。

73. 司马迁此语见《史记》卷八十《乐毅列传·太史公曰》，岳麓书社 1986 年版（白文本）。

74. 杜云虹：《隋书·经籍志校读》，山东大学出版社 2021 年版。

75. 王卡：《老子道德经河上公章句·前言》，中华书局 1993 年版。

76. 刘昫等：《旧唐书》之《高宗记·下》《礼仪志四》《艺文志》，中华书局 1975 年版。

77. 见《唐玄宗御注道德真经》，载《正统道藏》洞神部玉诀类，文物出版社 1988 年版。据北宋道学学者董迥《藏书记》载："唐玄宗既注《老子》，始改《章句》为《道德经》。凡言道者类之上卷，言德这类之下卷，刻石涡口老子庙中。"

78. 谭宝刚：《老子称经考》，《学术论坛》2007 年 5 期。

79. 北京大学出土文献研究所编：《北京大学藏西汉竹书概说》，上海古籍出版社 2016 年版。

80. [汉] 严遵：《老子指归》，载《正统道藏》洞神部玉诀类。参王德有《老子指归》点校本，中华书局 1994 年版。

81. [西晋] 陈寿：《三国志·魏书·刘傅传》，中华书局 1959 年版。

82. 《三国志·魏志·钟会传》，南北朝刘义庆《世说新语·文学篇》，皆有类似记载。

83.［宋］董思靖：《道德真经集解》，载《正统道藏》洞神部玉诀类，文物出版社 1988 年版。

84.［汉］严遵：《老子指归·序》，载《正统道藏》洞神部玉诀类，文物出版社 1988 年版。

85. 汉扬雄《太玄经》亦称《扬子太玄经》，简称《太玄》《玄经》，系扬雄将老子之《道德经》中"玄"作为最高范畴，并在构筑宇宙生成图式、探索事物发展规律的过程中阐发以玄为中心的思想。引语见［汉］扬雄《太玄经·玄首序》，中华书局 2005 年版。

86. 北京大学出土文献研究所编：《北京大学藏西汉竹书概说》，上海古籍出版社 2016 年版。

87. 日本梅泽纪念馆藏宋刻《老子》河上公注本，引自中国道教协会网站 2015-12-14。

88.［宋］黄茂材：《老子解》，转引自彭耜《道德真经集注杂说》，载《正统道藏》洞神部玉诀类，文物出版社 1988 年版。

89.［宋］陈景元：《道德真经藏室纂微篇·开题》，载《正统道藏》洞神部玉诀类，文物出版社 1988 年版。

90. 丁四新：《早期〈老子〉文本的演变、成型与定型》，《中州学刊》2014 年第 10 期。

91.《黄帝内经·灵枢经·九针论》，光明日报出版社 2015 年版。

92.《易经·系辞上》，见苏勇点校《易经》，北京大学出版社 1989 年版。

93. 同上。

94.［宋］邵若愚：《道德真经直解叙事》，载《正统道藏》洞神部玉诀类，文物出版社 1988 年版。

95.［清］魏源：《老子本义》，商务印书馆 1937 年版。

96. 萧天石：《老子圣义阐微·自序》，见萧天石《道德经圣解》，华夏出版社 2007 年版。

97. 司马迁《史记》之《老子韩非列传》《孟子荀卿列传》诸篇中多

有关于法家的刑名之学"本归于黄老"的论述。

98. [元] 杜道坚《道德玄经原旨》，以"经""传"形式，对《道德经》中主要理论进行阐释；《玄经原旨发挥》将《道德经》上下两卷十二章做整体分析，还设置了《原题章》《章句章》《纂玄章》等专题，对《道德经》传播史做了简明扼要的总结和分析。见 [元] 杜道坚《道德玄经原旨》，载《正统道藏》洞神部玉诀类，文物出版社 1988 年版。

99. 王力《老子研究》，将《道德经》归结为"道始""道理""道动""道用""道效"等五大部分，在第一章《总论》中以极其精练的文字总结出《道德经》的核心思想和主要内容，堪称《道德经》的研究典范。见上海书店出版社 1992 年影印版。

100. [清] 纪昀：《四库全书总目提要》卷一百四十六，子部五十六道家类。

101. 截至目前，我们查询到的有记载的历代主要集释有：唐张道相《道德经集注》、杜光庭《道德真经广圣义》、前蜀强思齐《道德真经玄德纂疏》，宋范应元《道德真经古本集注》、彭耜《道德真经集注》《道德真经集注释文》《道德真经集注杂说》、董思靖《道德真经集解》、太守张氏（佚名）《道德真经集注》，金赵秉文《道德真经集解》、李霖《道德真经取善集》、寇才质《道德真经四子古道集解》、佚名《（宋）崇宁五注》，元刘惟永、丁易东《道德真经集义》，明危大有《道德真经集义》、薛蕙《老子集解》、焦竑《老子翼》、清徐永祐和当代曹聚仁的《道德经集注》等。

102. 张松如：《老子说解》，齐鲁书社 1998 年版。

103. 郭世铭：《老子究竟说什么》，华文出版社 1999 年版。

104. 赵又春：《我读老子》，岳麓书社 2006 年版。

105. [刘] 小龙：《老子原解》，新星出版社 2006 年版。

106. 尹国兴：《老子秘语》，齐鲁书社 2006 年版。

107. 兰喜并：《老子解读》，中华书局 2005 年版。

108. 董子竹：《老子我说》，长江文艺出版社 2002 年版。

109. [唐] 李约：《道德真经新注》，见《中华道藏·道德真经》，华夏出版社 2019 年版。

110. 高明:《帛书老子校注》,中华书局 1996 年版。

111. 高亨:《老子正诂》,中国书店 1988 年版。

112. 古棣（关锋）:《老子校诂》,吉林人民出版社 1998 年版。

113. 高定彝:《老子道德经研究》,北京广播学院出版社 1999 年版。

114. 叶海烟:《老庄哲学的文化解构论》,"文化与差异"学术研讨会论文,台北,1997。

115. 唐君毅:《原道上:老子言道之六义》,载《中国哲学原论》,台湾学生书局 2020 年版。

116. 陈鼓应:《老子今注今译》,中华书局 1984 年版。

117. 任继愈:《任继愈谈老学源流》,石油工业出版社 2018 年版。

118. 赵孟頫《杜公碑》:"作揽古之楼于通玄（观）,聚书数万卷,《道德》注疏何啻千家。"见《赵孟頫书法全集》,故宫出版社 2014 年版。

119. [南宋] 黎靖德编:《朱子语类》卷一百二十五,中华书局 1986 年版。

120. 高专诚:《御注老子原序》,山西古籍出版社 2003 年版。

121. 严灵峰:《老子达解自序》,台湾华正书局 2008 年版。

122. 任继愈:《老子绎读》,北京图书馆出版社 2015 年版。

第二章 《道德经》细读

一、《道德经》应该如何读?

我们在前面对《道德经》的研究和分析,基本上还停留在延续两千年左右的传统研究层面。

所谓传统《道德经》研究,在我们看来,就是以汉魏以来就较为流行的河上公、王弼"通行本"为范本,对《道德经》进行碎片化研究。其表现为:忽视《道德经》错综复杂的内容和文字结构,不是对《道德经》全文做整体分析,没有抓住《道德经》的核心内容和脉络走向、总结《道德经》的精神实质,而是将河王通行本两篇八十一章的格式奉为圭臬,进行切片式的注释、训诂、校勘、翻译,并以"语录体""随想录""哲学诗""格言警句集""散落的珍珠"及"散碎的宝石"之类华丽辞藻为其"定性",使读者难以掌握要领。这种状况,从魏晋王弼(公元 226—249 年)开始算起,已经延续一千七百多年。若再算到河上公(传说汉朝初年汉文帝时,即公元前 2 世纪前后),则已超过两千多年。

毋庸置疑,河王首次对《道德经》的艰深文字做深入研究破译,逐段逐句逐字诠释,在将《道德经》浅显化、通俗化、大众化,帮助世人"读懂"《道德经》方面,做了十分有益的工作,在《道德经》研究方面起到了开启先河的重要作用,对《道德经》的推广、普及和流传贡献极大,功不可没。河王之后的历代学者,也在河王研究成果的基础上,为探寻《道德经》的核心内容和丰富内涵方面做出了各自不同的贡献,同样应当得到充分肯定和尊重。

但因为河王的研究还处于初创阶段，对《道德经》的理解并不深入，更不彻底，还存在着较为明显的弊病和硬伤，主要有如下几点。

其一是忽视《道德经》全文内容和文字纷纭复杂的结构特点，将《道德经》划分为两篇八十一章，放大了《道德经》文本自身条理散乱、"道德混说"的结构缺陷，造成多处段落上下脱节、内容混乱、逻辑断裂，使五千字文显得更加支离破碎，让读者不易掌握要领。

其二是断章取义、只取所需，将《道德经》解释为修身养性的金科玉律（河上公）或"玄学"体系（王弼），忽视《道德经》的核心内容（以"道"字贯穿起来的自然哲学、社会科学、人生哲学理论体系），有些偏离了老子《道德经》的"本义"。

其三是对通过句读、注解等方式，对《道德经》中多处重要的概念、立论，做了违背老子"本义"的解释和发挥。如将"无名天地之始，有名万物之母"断句为"无名，天地之始；有名，万物之母"，混淆了"无""有"两个哲学概念和"无名""有名"两个动宾词组之间的界限，造成逻辑混乱；将"常无欲以观其妙，常有欲以观其徼"，断句为"常无欲，以观其妙；常有欲，以观其徼"，忽视了老子对"道"的特性的一系列描述，似乎"道"也和人一样"无欲"或"有欲"（老子在此只讲道，不论人）。

另外，将"犹、豫"两种小动物错当形容词"迟疑不决"使用，将"玄鉴"（心镜）含糊解释为"极览""物之极""终与玄同""玄览无疵，犹绝圣也"，有望文生义之嫌。王弼将"啬"解释为"农夫耕田"，尤使人感到文不对题，忽略了老子论"治人，事天，莫若啬"的原意。

这些失误，大部分已经被治学严谨的前辈学者严肃指出，并给予纠正。如宋代王安石就明确指出"无名天地之始，有名万物之母"应以"无，名天地之始；有，名万物之母"断句[1]；元代吴澄、当代朱谦之也经过考证指明："豫犹皆兽名。豫，象属。犹，犬子也。象能前知，其行迟疑，犬先人行，寻又回转，故迟回不进，谓之犹豫"[2]；"犹豫本二兽名。……今按尔雅释兽'犹如麖，善登木'，释文引尸子：'犹，五尺大犬也。'说文犬部：'犹，玃属。一曰：陇西谓犬子为猷。'又颜氏家训书证篇：'犹，兽名也，既闻人声，乃豫缘木，如此上下，故称犹豫……'"[3]。然而令人抱憾的是，这些努力并没有得到后来学者们的重视，河王所犯的错误依然被许多人一再重复。后世学者在继承河王道学研究积极成果的同时，也接受并在某种程度上放大了河王的讹误和缺陷。隋唐之际风行一时的"王学"即为显例。其后更多的《道德经》研究者依然对《道德经》的整体研究未予足够重视，继续在寻章摘句方面倾注心力。

五四新文化运动以来，随着西方哲学思潮的输入，专家们又在老子思想属于唯物论还是唯心论、属于主观唯心论还是客观唯心论方面争执不休。结果形成颇含折中意味的"两个共识"，即《道德经》含有"朴素的唯物主义因素"和"朴素的辩证法因素"（简称"两个朴素"）。近年来，随着《道德经》在海内外影响的逐步扩大，更有许多学者对《道德经》浅尝辄止，抓住其中某些观点或只言片语，写出大量"秘笈""金句""铁律""指南"之类断章取义的心得体会，作为学术研究成果大肆宣扬，"以其昏昏，使人昭昭"。而在对《道德经》的整体研究方面，则鲜少看到新突破。

有鉴于此，我们深感有必要打破这种千篇一律、亦步亦趋的沉闷局面，重新审视《道德经》。

其实溯本求源，早在《道德经》初问世的春秋战国时期，就已经有学者独具慧目，对老子《道德经》全文做过综合研究。其中佼佼者当属辛钘（文子）、庄周和韩非。

辛钘与老子同时。他所著《文子》，就将《老子》分为《道原》《精诚》《九守》《符言》等十二卷，在《道原》《自然》《道德》等卷中对老子的天道论做了十分详尽的阐述，并提出著名的"往古来今谓之宙，四方上下谓之宇"的宇宙概念；在《上德》《下德》《上仁》《上义》《上礼》等卷中系统阐述了老子的政治观和治国理念，对道家所秉持的"德""仁""义""礼"等一系列观念都有非常精到的诠释；在《精诚》《九守》（实为十守）、《微明》等卷中对老子为人处世的种种主张做了十分详尽的诠释和发挥。[4]

庄周在其著作集《庄子》中多处引用、诠释老子的道德观、政治观和人生观,借此阐明自己的观点。《庄子·内篇》中的《逍遥游》《齐物论》《大宗师》,《外篇》中的《天地》《天道》《天运》《智北游》等,都是众所周知的精彩篇章。[5]

韩非采用同样的手法,在其著作集《韩非子》中特辟《解老》《喻老》两篇,突出介绍和诠释了老子的道论、德论和治国理念。《解老》全篇引用了《道德经》中六十多处文字,突出诠释了老子的天道论、治国理念和人生观念,借此宣扬自己重视实效的唯物主义思想观点和积极倡导君主专制主义的政治主张,为封建君主提供富国强兵的思想武器和霸道方略。《喻老》篇则用二十五则历史故事和民间传说,作为自己的观点和学说的佐证。[6]

秦始皇统一全国前夕,由丞相吕不韦组织门人编写的《吕氏春秋》,是一部熔诸子百家学说于一炉的煌煌巨著。它以道家无为而治的思想为基调,用儒家伦理定位价值尺度,同时吸收墨家的公正观念、名家的思辨逻辑、法家的治国技巧、农家的地利追求以及兵家的权谋变化,形成一套完整的国家治理学说,是一个系统、周密的理论体系。其注释者高诱(东汉官员,经学家)称:"此书所尚,以道德为标的,以无为为纲纪。"[7]其实是"兼儒墨,合名法",取精用宏,融汇百家,是对《道德经》内容和主旨的全面诠释。[8]

相传西汉淮南王刘安及其门客苏飞、李尚诸人编撰的《淮南子》(又名《淮南鸿烈》《刘安子》),是又一部集道、儒、墨、法、阴阳诸家学说之精华,主旨仍属于道家的鸿篇巨制。该书内容涉及阴阳五行、天人相应、天文地理、治国用人、理法、用兵、治学、养生等方方面面,但其指导思想仍是道家,全书的谋篇布局与《吕氏春秋》极为相似,仅《道应训》一篇就涉及《老子》四十一章中的五十六处文字,全书引用庄、老的文字俯拾皆是,属于战国至汉初黄老之学理论体系集大成的代表作。[9]

西汉史学家司马谈(?—公元前110年)首次对《道德经》的主旨和中心内容做了高度概括。他在《论六家要旨》一文中指出:

道家无为，又曰无不为，其实易行，其辞难知。其术以虚无为本，以因循为用。无成势，无常形，故能究万物之情。不为物先，不为物后，故能为万物主。有法无法，因时为业；有度无度，因物与合。故曰圣人不朽，时变是守。虚者道之常也，因者君之纲也。群臣并至，使各自明也。其实中其声者谓之端，实不中其声者谓之窾。窾言不听，奸乃不生，贤不肖自分，白黑乃形。在所欲用耳，何事不成。乃合大道，混混冥冥。光耀天下，复反无名。凡人所生者神也，所托者形也。神大用则竭，形大劳则敝，形神离则死。死者不可复生，离者不可复反，故圣人重之。由是观之，神者生之本也，形者生之具也。不先定其神形，而曰我有以治天下，何由哉？[10]

当代著名学者王力先生（1900—1986）著有《老子研究》一书。在该书第一章《总论》中，他将《道德经》的内容归结为"道始""道理""道动""道用""道效"五大部分，以极精炼的文字予以总结和概括，并加进了自己独到的见解，是少见的《道德经》研究札记之一。[11]

这种高屋建瓴式的归纳法，极能启发我们从宏观角度审视《道德经》特殊的文字结构，从中发现它的精华所在和脉络走向，帮助我们深入挖掘并系统总结《道德经》的核心内容，使它以一部完整、系统的理论著作面貌出现在全世界读者面前。这既是祖辈传承的道学研究发展的必然结果，也是历史赋予当代道学研究者们义不容辞的责任。所有道学研究者都应勇于承担这一义不容辞的神圣使命。

二、重新审读《道德经》

为回答这个"《道德经》应该如何读"这个"曾祖级"的问题，让我们先从解析《道德经》的内容说起。

下面是我们以河王通行本为母本，依照不同内容试制出的《道德经》文字解析图。

为清楚窥看《道德经》的构成脉络，我们将河王通行本的内容分为**自然哲学**、社会科学和人生哲学三部分，分别用**黑体**、下划直线和下划波浪线标出。

道 德 经

[春秋] 老聃

([汉] 河上公 / [魏晋] 王弼通行本)

说明：

本篇所采用的《道德经》文底本选自明《正统道藏·洞神部·本文类·道德真经》(又名《老子道德经河上公章句》)、清《钦定四库全书·子部十四·道家·老子道德经魏王弼注（兵部侍郎纪昀家藏本）》，又参考多家文本做了必要校勘。河王本断句不妥之处，亦做了必要纠正。

道可道，非常道；名可名，非常名。无，名天地之始；有，名万物之母。故常无，欲以观其妙；常有，欲以观其徼。此两者，同出而异名。同谓之玄。玄之又玄，众妙之门。天下皆知美之为美，斯恶已。皆知善之为善，斯不善矣。故有无相生，难易相成，长短相形，高下相倾，音声相和，前后相随。是以圣人处无为之事，行不言之教。万物作而不辞，生而不有，为而不恃，功成而不居。夫惟不居，是以不去。不尚贤，使民不争。不贵难得之货，使民不为盗。不见可欲，使民心不乱。是以圣人之治，虚其心，实其腹，弱其志，强其骨；常使民无知无欲，使夫智者不敢为也。为无为，则无不治矣。道冲，用之或不盈。渊兮，似万物之宗。湛兮，似或存。挫其锐，解其纷，和其光，同其尘。吾不知其谁之子，象帝之先。天地不仁，以万物为刍狗。圣人不仁，以百姓为刍狗。天地之间，其犹橐龠乎？虚而不屈，动而愈出。多言数穷，不如守中。谷神不死，是谓玄牝。玄牝之门，是谓天地根。绵绵若存，用之不勤。天长地久。天地所以能长且久者，以其不自生，故能长生。是以圣人后其身而身先，外其身而身存。非以其无私耶？故能成其私。上善若水。水善利万物而不争，处众人之所恶，故几于道。居，善地。心，善渊。与，善仁。言，善信。政，善治。事，善能。动，善时。夫惟不争，故无尤。持而盈之，不如其已。揣而锐之，不可长保。金玉满堂，莫之能守。富贵而骄，自遗其咎。功成名遂身退，天之道。载营魄抱一，能无离乎？专气致柔，能如婴儿乎？涤除玄览，能无疵乎？爱民治国，能无为乎？天门开阖，能为雌乎？明白四达，能无知乎？**生之畜之，生而不有，为而不恃，长而不宰，是谓玄德。三十辐共一毂，当其无，有车之用。埏埴以为器，当其无，有器之用。凿户牖以为室，当其无，有室之用。故有之以为利，无之以为用。五色令人目盲。五音令人耳聋。五味令人口爽。驰骋田猎，令人心发狂。难得之货，令人行妨。是以圣人为腹不为目，故去彼取此。宠辱若惊。贵大患若身。何谓宠辱若惊？宠为下，得之若惊，失之若惊，是谓宠辱若惊。何谓贵大患若身？吾所以有大患者，为吾有身。及吾无身，吾有何患？故贵以身为天下，若可寄天下；爱以身为天下，若可托天下。视之不见，名曰夷；听之不闻，名曰希；搏之不得，名曰微。此三者不可致诘，故复混而为一。其上不皦，其下不昧，绳绳兮不可名，复归于无物。是谓无状之状，无象之象，无物之象，是谓惚恍。迎之不见其首，随之不见其后。执古之道，以御今之有。能知古始，是谓道纪。**古之善为士者，微妙玄通，深不可识。夫惟不可识，故强为之容：豫兮若冬涉川；犹兮若畏四邻；俨兮其若客；涣兮若冰将释；敦兮其若朴；旷兮其若谷；浑兮其若浊。孰能浊以静之徐清？孰能安以动之徐生？保此道者，不欲盈。夫惟不盈，故能弊而新成。致虚极，守静笃。万物并作，吾以观复。夫物芸芸，各复归其根。归根曰静，静曰复命，复命曰常，知常曰明。不知常，妄作，凶。知常容，容乃公，公乃王，王乃天，天乃道，道乃久，没身不殆。太上，下知有之。其次，亲而誉之；其次，畏之；其次，侮之。信不足，有不信。犹其贵言。功成事遂，百姓谓我自然。大道废，有仁义。智慧出，有大伪。六亲不和，有孝慈。国家昏乱，有忠臣。绝圣弃智，民利百倍。绝仁弃义，民复孝慈。绝巧弃利，盗贼无有。此三者以为文，不足。故令有所属：见素抱朴，少私寡欲，绝学无忧。唯之与阿，相去几何？善之与恶，相去若何？人之所

細读《道德经》

畏，不可不畏。荒兮，其未央哉！众人熙熙，如享大牢，如登春台。我独泊兮，其未兆。沌沌兮，如婴儿之未孩。儡儡兮，若无所归。众人皆有余，我独若遗，我愚人之心也哉！俗人昭昭，我独若昏。俗人察察，我独闷闷。澹兮其若海，飂兮若无止。众人皆有以，而我独顽似鄙。我独异于人，而贵食母。**孔德之容，惟道是从。道之为物，惟恍惟惚，惚兮恍兮，其中有象。恍兮惚兮，其中有物。窈兮冥兮，其中有精。其精甚真，其中有信。自今及古，其名不去，以阅众甫。吾何以知众甫之状哉？以此。曲则全。枉则直。洼则盈。敝则新。少则得。多则惑。是以**圣人抱一为天下式。不自见，故明。不自是，故彰。不自伐，故有功。不自矜，故长。夫惟不争，故天下莫能与之争。古之所谓曲则全者，岂虚言哉？诚全而归之。希言自然。故飘风不终朝，骤雨不终日。孰为此者？天地。天地尚不能久，而况于人乎！故从事于道者，同于道；德者，同于德；失者，同于失。同于道者，道亦得之；同于德者，德亦得之；同于失者，失亦得之。信不足焉，有不信焉。跂者不立，跨者不行。自见者不明，自是者不彰。自伐者无功，自矜者不长。其于道也，曰"余食赘行"。物或恶之，故有道者不处。**有物混成，先天地生。寂兮寥兮，独立而不改，周行而不殆，可以为天下母。吾不知其名，强字之曰"道"，强为之名曰"大"。"大"曰"逝"，"逝"曰"远"，"远"曰"反"。故道大，天大，地大，人亦大。域中有四大，而人居其一焉。人法地，地法天，天法道，道法自然。**重为轻根，静为躁君。是以君子终日行不离辎重，虽有荣观，燕处超然。奈何万乘之主，而以身轻天下？轻则失根，躁则失君。善行无辙迹。善言无瑕谪。善计不用筹策。善闭无关楗而不可开。善结无绳约而不可解。是以圣人常善救人，故无弃人。常善救物，故无弃物。是谓袭明。故善人者，不善人之师。不善人者，善人之资。不贵其师，不爱其资，虽智，大迷。是谓要妙。知其雄，守其雌，为天下溪。为天下溪，常德不离，复归于婴儿。知其白，守其黑，为天下式。为天下式，常德不忒，复归于无极。知其荣守其辱，为天下谷。为天下谷，常德乃足，复归于朴。**朴散则为器，圣人用之，则为官长。故大制不割。将欲取天下而为之，吾见其不得已。天**

下神器，不可为也，不可执也。为者败之，执者失之。故物或行或随，或歔或吹，或强或羸，或载或隳。是以圣人去甚，去奢，去泰。以道佐人主者，不以兵强天下，其事好还。师之所处，荆棘生焉。大军之后，必有凶年。故善有果而已，不敢以取强。果而勿矜，果而勿伐，果而勿骄，果而不得已，果而勿强。物壮则老，是谓不道，不道早已。夫佳兵者不祥之器，物或恶之，故有道者不处。君子居则贵左，用兵则贵右。兵者，不祥之器，非君子之器，不得已而用之。恬淡为上。胜而不美。而美之者，是乐杀人。夫乐杀人者，则不可以得志于天下矣。吉事尚左，凶事尚右，偏将军处左，上将军处右。言以丧礼处之。杀人众多，以悲哀泣之。战胜，以丧礼处之。**道常无，名朴，虽小，天下莫能臣。王侯若能守之，万物将自宾。天地相合以降甘露，民莫之令而自均。始制有名。名亦既有，夫亦将知止，知止可以不殆。譬道之在天下，犹川谷之于江海。**知人者智，自知者明。胜人者有力，自胜者强。知足者富，强行者有志。不失其所者久，死而不亡者寿。 **大道泛兮，其可左右。万物恃之而生而不辞，功成而不名有。衣养万物而不为主，可名于小。万物归焉而不为主，可名为大。是以圣人终不为大，故能成其大。执大象，天下往。往而不害，安平泰。乐与饵，过客止。道之出口，淡乎其无味，视之不足见，听之不足闻，用之不足既。将欲歙之，必固张之。将欲弱之，必固强之。将欲废之，必固兴之。将欲夺之，必固与之。是谓微明。柔弱胜刚强。**鱼不可脱于渊。国之利器，不可以示人。道常无为而无不为，侯王若能守之，万物将自化。化而欲作，吾将镇之以无名之朴。镇之以无名之朴，夫亦将不欲，不欲以静，天下将自正。上德不德，是以有德。下德不失德，是以无德。上德无为，而无以为；下德为之，而有以为。上仁为之，而无以为；上义为之，而有以为。上礼为之而莫之应，则攘臂而扔之。故失道而后德，失德而后仁，失仁而后义，失义而后礼。夫礼者，忠信之薄，而乱之首。前识者，道之华，而愚之始。是以大丈夫处其厚，不处其薄；居其实，不居其华。故去彼取此。昔之得一者：天得一以清，地得一以宁，神得一以灵，谷得一以盈，万物得一以生，侯王得一以为天下正。其致之也，天无以清，将恐裂；地无以宁，将恐发；神无以灵，将恐歇；谷无以盈，将恐竭；万物无以生，将恐灭；侯王无以正，将恐蹶。故贵以贱为本，高以下为基。是以侯王自谓孤、寡、不谷。此非以贱为本邪？非乎？故至誉无誉。不欲琭琭如玉，珞珞如石。**反者道之动，弱者道之用。天下万物生于有，有生于无。上士闻道，勤而行之。中士闻道，若存若亡。下士闻道，大笑之。不笑，不足以为道。故建言有之：明道若昧，进道若退，夷道若纇。上德若谷，大白若辱，广德若不足，建德若偷，质真若渝；大方无隅，大器晚成，大音希声，大象无形。道隐无名。夫惟道，善贷且成。道生一，一生二，二生三，三生万物。万物负阴而抱阳，冲气以为和。**人之所恶，惟孤、寡、不谷，而王公以为称。故物或损之而益，或益之而损。人之所教，我亦教之。强梁者不得其死，吾将以为教父。天下之至柔，驰骋天下之至坚。无有入无间。吾是以知无为之有益。不言之教，无为之益，天下希及之。名与身孰亲？身与货孰多？得与亡孰病？是故甚爱必大费，多藏必厚亡。知足不辱，知止不殆，可以长久。**大成若缺，其用不敝。大盈若冲，其用不穷。大直若屈。大巧若拙。大辩若讷。躁胜寒。静胜热。清静为天下正。天下有道，却走马以粪。天下无道，戎马生于郊。**祸莫大于不知足，咎莫大于欲得。故知足之足，常足矣。不出户，知天下。不窥牖，见天道。其出弥远，其知弥少。是以圣人不行而知，不见而名，不为而成。为学日益，为道日损。损之又损之，以至于无为。无为而无不为。取天下常以无事，及其有事，不足以取天下。圣人常无心，以百姓心为心。善者吾善之，不善者吾亦善之，德善。信者吾信之，不信者吾亦信之，德信。圣人在天下，歙歙焉，为天下浑其心。百姓皆注其耳目，圣人皆孩之。出生入死。生之徒，十有三；死之徒，十有三；人之生，动之死地，亦十有三。夫何故？以其生生之厚。盖闻善摄生者，陆行不遇兕虎，入军不被甲兵；兕无所投其角，虎无所措其爪，兵无所容其刃。夫何故？以其无死地。道生之，德畜之，物形之，势成之。是以万物莫不尊道而贵德。道之尊，德之贵，夫莫之命而常自然。故道生之，德畜之；长之育之；成之熟之；养之覆之。生而不有，为而不恃，长而不宰：是谓玄德。天下有始，以为天下母。既得其母，以知其子；既知其子，复守其母，没身不殆。塞其兑，闭其门，终身不勤。开其兑，济其事，终身不救。见小曰明，守柔曰强。用其光，复归其明，无遗身殃：是谓袭常。 使我介然有知，行于大道，惟施是畏。大道甚夷，而民好径。朝甚除，田甚芜，仓甚虚；服文采，带利剑，厌饮食，财货有余：是谓盗夸，非道也哉！善建者不拔，善抱者不脱，子孙祭祀不辍。修之于身，其德乃真；修之于家，其德乃余；修之于乡，其德乃长；修之于国，其德乃丰；修之于天下，其德乃普。故以身观身，以家观家，以乡观乡，以国观国，以天下观天下。吾何以知天下然哉？以此。含德之厚，比于赤子。毒虫不螫，猛兽不据，攫鸟不搏。骨弱筋柔而握固。未知牝牡之合而朘作，精之至也。终日号而不嗄，和之至也。知和曰常。知常曰明。益生曰祥。心使气曰强。物壮则老，是谓不道，不道早已。知者不言，言者不知。塞其兑，闭其门，挫其锐，解其纷，和其光，同其尘，是谓玄同。故不可得而亲，不可得而疏，不可得而利，不可得而害，不可得而贵，不可得而贱，故为天下贵。以正治国，以奇用兵，以无事取天下。吾何以知天下其然哉？以此。天下多忌讳，而民弥贫；人多利器，国家滋昏；人多伎巧，奇物滋起；法令滋彰，盗贼多有。故圣人云：我无为，而民自化；我无事，而民自富；我好静，而民自正；我无欲，而民自朴。其政闷闷，其民淳淳；其政察察，其民缺缺。**祸兮福所倚，福兮祸所伏。孰知其极？其无正也。正复为奇，善复为妖。民之迷，其日固久。是以圣人方而不割，廉而不刿，直而不肆，光而不耀。**治人事天，莫若啬。夫惟啬，是谓早复。早复谓之重积德。重积德则无不克。无不克则莫知其极。莫知其极，可以有国。有国之母，可以长久。是谓深根固柢，长生久视之道。治大国，若烹小鲜。以道莅天下，其鬼不神。非其鬼不神，其神不伤民。非其神不伤民，圣人亦不伤民。夫两不相伤，故德交归焉。大国者下流，天下之牝，天下之交也。牝常以静胜牡，以静为下。故大国以下小国，则取小国。小国以下大国，则取大国。故或下以取，或下而取。大国不过欲，兼畜人；小国不过欲，入事人。两者各得其所欲，故大者宜为下。**道者，万物之奥，善人之宝，不善人之所保。美言**

可以市尊，美行可以加人。人之不善，何弃之有？故立天子，置三公，虽有拱璧以先驷马，不如坐进此道。古之所以贵此道者何？不曰求以得，有罪以免邪？故为天下贵。为无为，事无事，味无味。大小多少。图难于其易，为大于其细。天下之难事，必作于易。天下之大事，必作于细。是以圣人终不为大，故能成其大。夫轻诺必寡信，多易必多难。是以圣人犹难之，故终无难矣。其安易持，其未兆易谋。其脆易泮，其微易散。为之于未有，治之于未乱。合抱之木，生于毫末。九层之台，起于累土。千里之行，始于足下。为者败之，执者失之。是以圣人无为故无败，无执故无失。民之从事，常于几成而败之。慎终如始，则无败事。是以圣人欲不欲，不贵难得之货。学不学，复众人之所过。以辅万物之自然，而不敢为。古之善为道者，非以明民，将以愚之。民之难治，以其智多。是故以智治国，国之贼；不以智治国，国之福。知此两者，亦稽式。常知稽式，是谓玄德。玄德深矣，远矣，与物反矣，然后乃至大顺。江海所以能为百谷王者，以其善下之，故能为百谷王。是以圣人欲上人，以其言下之。欲先人，以其身后之。是以处上而人不重，处前而人不害。是以天下乐推而不厌。以其不争，故天下莫能与之争。天下皆谓我道大，似不肖。夫惟大，故似不肖。若肖，久矣其细也夫。我有三宝，持而保之：一曰慈，二曰俭，三曰不敢为天下先。夫慈，故能勇；俭，故能广；不敢为天下先，故能成器长。今舍慈且勇，舍俭且广，舍后且先，死矣！夫慈，以战则胜，以守则固。天将救之，以慈卫之。善为士者不武。善战者不怒。善胜敌者不与，善用人者为之下。是谓不争之德。是谓用人之力。是谓配天古之极。用兵有言：吾不敢为主而为客，不敢进寸而退尺。是谓行无行，攘无臂，仍无敌，执无兵。祸莫大于轻敌，轻敌则几丧吾宝。故抗兵相加，哀者胜矣。吾言甚易知，甚易行，而天下莫能知，莫能行。言有宗，事有君。夫惟无知，是以不我知。知我者希，则我者贵。是以圣人被褐而怀玉。知不知，上。不知知，病。夫惟病病，是以不病。圣人不病，以其病病，是以不病。民不畏威，则大威至。无狭其所居。无厌其所生。夫惟不厌，是以不厌。是以圣人自知不自见，自爱不自贵。故去彼取此。勇于敢则杀，勇于不敢则活。此两者，或利或害。天之所恶，孰知其故？是以圣人犹难之。**天之道，不争而善胜，不言而善应，不召而自来，繟然而善谋。天网恢恢，疏而不失。**民不畏死，奈何以死惧之？若使民常畏死，而为奇者，吾得执而杀之，孰敢？常有司杀者杀。夫代司杀者杀，是谓代大匠斫。夫代大匠斫者，希有不伤其手矣。民之饥，以其上食税之多，是以饥。民之难治，以其上之有为，是以难治。人之轻死，以其求生之厚，是以轻死。夫惟无以生为者，是贤于贵生。**民之生也柔弱，其死也坚强；万物草木之生也柔脆，其死也枯槁。故坚强者死之徒，柔弱者生之徒。是以兵强则灭，木强则折。故强大居下，柔弱处上。天之道，其犹张弓与？高者抑之，下者举之；有余者损之，不足者与之。天之道，损有余而补不足。人之道则不然，损不足以奉有余。孰能以有余而奉不足于天下？唯有道者。是以圣人为而不恃，功成不处，其不欲见贤。天下莫柔弱于水，而攻坚强者莫之能胜，以其无以易之。弱之胜强，柔之胜刚，天下莫不知，莫能行。是以圣人云：受国之垢，是为社稷主；受国不祥，是为天下王。正言若反。**和大怨，必有余怨，报怨以德，安可以为善？是以圣人执左契，而不责于人。有德司契，无德司彻。天道无亲，常与善人。小国寡民，使有什佰之器而不用，使民重死而不远徙。虽有舟舆，无所乘之。虽有甲兵，无所陈之。使民复结绳而用之。甘其食，美其服，安其居，乐其俗。邻国相望，鸡犬之声相闻，民至老死不相往来。信言不美，美言不信。善者不辩，辩者不善。知者不博，博者不知。圣人不积，既以与人，己愈有；既以与人，己愈多。天之道，利而不害。圣人之道，为而不争。

读者从上面的解析图中，可以看到《道德经》内容和文字结构的纷纭复杂，也会明白河王划分两篇八十一章的弊端所在了。

很清楚，《道德经》丰富的内涵、简洁的文字和随想、跳跃式的章法结构，如果像河王那样采用简单切割的方式将它划分为两篇八十一章，只能放大其本来就有的结构缺陷，增加读者完整、准确地理解和掌握《道德经》精神实质的困难。河王之后多位学者继续用捕捉吉光片羽的方式对它进行"切片"研究和解读，也只会造成更大的混乱。如果我们统观全局，对《道德经》五千字文进行整体分析，就不难发现，它其实是以"道"为核心，由自然哲学（宇宙本体论）、社会科学（治国取天下）和人生哲学（人与自然、人与社会、人与人以及个体自身）三条主线构成的一个丰富、深刻、系统、严密的理论体系。

基于这个基本事实，我们尝试将《道德经》五千字全面切割，依照不同内容重组为如下三篇主题比较突出、内容相对集中、结构比较严谨、逻辑也比较通畅的哲理论文。另有几点需要略加说明。

（1）为保证不损害老子"本义"，我们在重组过程中仍旧保留了原作的语录体风格，并将所有"部件"重新编号，同时在文后注明河王通行本中原文所在章次，以便读者查对。

（2）因文中有些语句或段落内容涉及不止一种哲理，我们把它们同时列入相关篇章之内。这样编排虽略显重复，却有效地保障了每篇论文的相对独立和完整。重复之处已标明。

（3）对《道德经》的内容划分不止一种方式，研究者和读者还可以根据自己的理解和需要，采用多种方式进行分类和归纳，但无论何种划分方式，都应充分考虑贯穿全文的这一个核心和三条主线，避免重蹈覆辙。

道论（宇宙观）

唯物论

1

道可道，非常道；名可名，非常名。无，名天地之始；有，名万物之母。故常无，欲以观其妙；常有，欲以观其徼。此两者，同出而异名。同谓之玄。玄之又玄，众妙之门。（第一章）

译文：

凡是能够用言辞、文字表述的道，都不是我们所说的永恒的道。凡是能贴出具体标签的名，也不是我们所说的一成不变的名。

无，是天地宇宙还处于初始混沌的状态，为孕育万物做准备的酝酿阶段；有，是天地宇宙孕育产生万物的过程。所以，当宇宙处于无的状态时，其酝酿的微妙过程和微观变化人体感官难以觉察。而若进入有的阶段，则是要展示万物发生发展变化的趋势和结果。

无和有二者从根本上来说同出一源，只是在事物发展不同阶段呈现不同的状态而已。（其间差别，很难区分，所以）我们把它称之为"玄妙"。宇宙万物，就是由数不清的"玄妙"构成的。而在所有这些"玄妙"后面，则隐藏着一个"众妙之门"，即滋生天地万物的总门——那就是我们所说的道。

附注：

道、名、无、有，是《道德经》中非常重要的四个哲学概念。"道"存在于天地万物之中，"无"和"有"是它的两种表现形式，又都通过"德"来体现（这就是本文被称为《道德经》的原因），而"名"则显示人对"道"的特性和运行规律以及在"道"的支配下天地万物发展变化的客观规律的认识、判断、总结和界定，即我们所常说的概念。这个概念既要明晰不同类别的事物之间的区别，又要反映同类事物所具有的共同本质。它是不会随人的主观意志（如命名）发生变化的。"道"本身的"玄之又玄"，朦胧、虚无、缥缈，决定了其"不可道"，即不可具体名状的特性，也决定了客观地、正确地反映这些变化的"名"的不确定性。所以，老子说：可道之道即非常道，可名之名即非常名。所谓"常道""常名"（有的文本是"恒道""恒名"），就是"道"和"名"的本质。这是高度抽象的哲学概念。这个概念不可用任何具象的具体事物指代，就像鹰是飞禽但不可以代表禽类，马是动物但不可以说动物就是马一样。

2

有物混成，先天地生。寂兮寥兮，独立而不改，周行而不殆，可以为天下母。吾不知其名，强字之曰"道"，强为之名曰"大"。大曰逝。

逝曰远。远曰反。（第二十五章）

译文：

（在我们眼前）存在着一个浑然一体的东西，它比天地诞生得还要早。它寂而无声，空而无形，绝世独立而不消失，循环往复而不衰竭。可以将它视之为滋生天地万物之母。

我不知它该叫什么名字，姑且勉强称它为"道"。再勉强给它起个名字，叫作"大"。大的意思就是"逝"（扩散）。"逝"的意思就是"远"（延伸）。"远"的意思就是"反"（折返，周而复始）。

3

故道大，天大，地大，人亦大。域中有四大，而人居其一焉。人法地。地法天。天法道。道法自然。（第二十五章）

译文：

所以，我们说，道大，天大，地大，人也大。寰宇之内有四大，人是其中之一。

（这四大之间的关系是：）人取法地，地取法天，天取法道；或者换一种说法：人的活动受地的约束，地的运转受天的限制，天的运行受道的支配。而道，则遵循自然规律，永远处于自然状态。

附注：

河王本中"……王亦大。域中有四大，而王居其一焉"句在傅奕、范应元本中为"人亦大。域中有四大，而人居其一焉"。历代多位学者皆认为"王"代表"人"，我们觉得以"人"为妥。

4

孔德之容，惟道是从。道之为物，惟恍惟惚。惚兮恍兮，其中有象；恍兮惚兮，其中有物；窈兮冥兮，其中有精；其精甚真，其中有信。自今及古，其名不去，以阅众甫。吾何以知众甫之状哉？以此。（第二十一章）

译文：

大德的运行状态，（表现为）严格遵循并体现"道"的规律。道本身恍恍惚惚、扑朔迷离。但恍惚之中，有形有象；恍惚之中，隐有物质。在幽邃暗昧的深处，有微小的精质显现。这种精质，含有真实可信的种种特性。

回溯往古，这种精质从来没有缺少过各种名字。而人们以这些名字为依据，按图索骥，去观察认识万事万物的起始、发展和变化。

我如何知道这些变化的微妙过程？就是用这种（见微知著的）观想之方。

附注：

"自今及古"在河王本中是"自古及今"，此据帛书、北大汉简及傅奕本改。

5

道之出口，淡乎其无味。视之不足见，听之不足闻，用之不足既。（第三十五章）

译文：

道，虽说品尝它却淡而无味，想看它却看它不见，想听它却听它不到，但它的功能，发挥起来却无穷无尽。

6

视之不见，名曰"夷"；听之不闻，名曰"希"；搏之不得，名曰"微"。此三者不可致诘，故混而为一。其上不皦，其下不昧。绳绳兮不可名，复归于无物。是谓无状之状，无物之象，是谓惚恍。迎之不见其首，随之不见其后。执古之道，以御今之有。能知古始，是谓道纪。（第十四章）

译文：

看不见的叫作"夷"（无色），听不见的叫作"希"（无声），捉不住、摸不着的叫作"微"（无形）。具备这三个特点的东西是什么？（答案非常不好探寻。）我们姑且把它说成玄妙的"一"吧！

这个"一"，上面裸露的地方并不显得光亮清晰，下面隐藏部分也不显得晦暗混沌。它生生不已，绵绵不绝，千变万化，不可名状。但在千变万化中又复归于无，好像从来就不存在。这是看不见形状的"无状之状"，辨不清轮廓的"无物之象"。这就叫作"惚恍"，你迎着看，看不见它的头，追着看，看不见它的尾。

把握自古至今早就存在于宇宙之间的道，并用它来观照、解释眼前存在的万事万物，才能够说得上是明白了"道纪"，也就是掌握了道的本质和精髓。

7

道常无，名朴，虽小，天下莫能臣。侯王若能守之，万物将自宾。天地相合以降甘露，人莫之令而自均。始制有名，名亦既有，夫亦将知止。知止可以不殆。譬道之在天下，犹川谷之于江海。（第三十二章）

译文：

道，通常总处于虚无发散的状态，因而被人们唤作"无"，又唤作"朴"。它虽细微莫测，但天下却没有任何东西可以让它臣服。为侯为王者只要能持守住它，那么，天下万物也就会自动宾服称臣了。

（这种情形，恰如）天地间的阴阳之气相互作用普降甘露，不需任何人下达指令便会自然抛洒均匀。万物滋生之后，人们便为它们制定了各种名称。名称既定，就要适可而止（不要继续产生纷争），知道适可而止，就可以避免各种（纷争的）危险。

以道来说，它在天下统御万物，万物和它相比，就像川谷细流面对浩瀚的江海。（该如何去为它定名？）

8

道冲，而用之或不盈。渊兮，似万物之宗；湛兮，似或存。吾不知谁之子，象帝之先。（第四章）

译文：

道是缥缈虚无的。它在运行过程中，似乎并不处于完全充盈的状态（即留有余地，不完全发挥），所以才能持续不断地发挥作用。它状如深渊，滋生万物，又清澈透明，似有似无。我们不知道是谁诞生了它，只知道早在我们所熟知的天象地帝出现之前，它就存在了。

附注：

本段"湛兮"前原有"挫其锐，解其纷，和其光，同其尘"四句与前后内容不连贯，疑错简，故删去。

9

天地不仁，以万物为刍狗；圣人不仁，以百姓为刍狗。天地之间，其犹橐籥乎？虚而不屈，动而愈出。（第五章）

译文：

天地、自然不讲私仁偏爱，在它们面前，世间万物都如同草编的刍狗（不会分外予以惜护）。圣人也同样没有私仁偏爱，在他们眼里，老百姓就像刍狗一样千篇一律（因而一视同仁）。

天地之间的自然规则发挥作用的时候，是什么景象？它难道不像一个巨大的风箱？看似虚空，蕴藏的实力却无穷无尽。一旦发动，就会源源不断地输送出来，而且越输越多。

附注：

此处的"天地之间"，不是指天空和地面之间的空间，而是泛指驱动天地自然运行的规律和法则，其实仍然暗喻"道"。"虚而不屈"，隐而不露，发动起来则功力无穷，正是道的运行特点。但道对任何事物发挥作用的时候，都是"处无为之事，行不言之教"，且恰如其分，既无"不及"，也不会"逾矩"。这正是值得人们效法的地方。

10

反者道之动，弱者道之用。天下之物生于有，有生于无。（第四十章）

译文：

相反相成，循环往复，是道的运行规律；柔弱灵动，似有似无，是道的运行特点。天下万物生于实有（有形有状才能繁衍），而实有则生于虚无（物之形状皆由虚无而来）。

11

三十辐，共一毂，当其无，有车之用。埏埴以为器，当其无，有器之用。凿户牖以为室，当其无，有室之用。故有之以为利，无之以为用。（第十一章）

译文：

车轮是由三十根辐条汇集在一个轮毂内造成的，辐条之间是空档。正因为有这样的空档，车才好发挥载重运行的功能。揉陶土做器皿，其中总有镂空的部分。正因为有了这些中空之处，陶器才能发挥盛物的效能。造房子的时候，要留窗、留门、留室内之空。正因为有了这些"空间"，我们才有房子可住。所以，一切物品实有的部分，是为了给人带来便利，而空无之处，才具备物品的实际效用。

附注：

此处的"无"和"有"指虚（空）和实，与在别处的含义有所不同。有学者认为是对"无""有"两个哲学概念的延伸使用，可参。尽管从力学角度来讲，辐条之间的空档是利而非用；但和辐条相辅相成，亦支持老子的论点。

12

道生一，一生二，二生三，三生万物。万物负阴而抱阳，冲气以为和。（第四十二章）

译文：

道生一，一生二，二生三，三生万物：世间万物就是这样由无到有逐渐生发繁衍的。万物都携有阴阳二气，阴阳二气互相激荡、互相交合又产生新的物质（于是就这样源源不断地繁衍下去）。

13

道生之，德畜之，物形之，势成之。是以万物莫不尊道而贵德。道之尊，德之贵，夫莫之命而常自然。故道生之，德畜之；长之育之；成之熟之；养之覆之。生而不有，为而不恃，长而不宰：是谓玄德。（第五十一章）

译文：

道生，德育，外物塑形，内因促变，所以，万物无不循道而贵德。

道之所以被尊崇，德之所以被珍贵，就因为它们不发号施令而使万物总处于自然状态。

所以，万物才能由道生，受德育，在道与德的护持之下生长、发展、成熟、结果。

道与德生成万物却不据为己有，养育万物却不自恃其能，身为万物之长却不主宰一切。这就叫"玄德"——最高深、最玄妙、最珍贵的德。

14

谷神不死，是谓玄牝。玄牝之门，是谓天地根。绵绵若存，用之不勤。（第六章）

译文：

谷神（静虚之神，即道）永生不灭，就像我们所说的无限微妙的生殖之母。她的母性之门，就是天地万物滋生的根源。它无始无终，长久存在，连绵不绝地生殖繁衍，其功用永无穷尽之时。

15

万物并作，吾以观复。夫物芸芸，各复归其根。归根曰静，静曰复命。复命曰常，知常曰明。不知常，妄作，凶。知常，容。容乃公，公乃全，全乃天，天乃道，道乃久，没身不殆。（第十六章）

译文：

万物都在蓬勃生长，我正好借机观察它们循环往复的过程。那欣欣向荣的万事万物看似纷纭繁复，其实都是要回归其本根的。回归本根就清静了，清静的意思就是返璞归真，返璞归真即进入常态。了解它们的常态后，便会洞察一切，明白许多事理。而如果不明事理，妄加干涉，一定会导致意想不到的恶果。明白了常态便知道如何包容，包容即能够产生公平，公平则能够带来周全，周全便会符合天意，符合天意也就顺应了道，顺应了道，便会长久。（能做到这些）人一辈子也不会遭遇不测。

16

大道泛兮，其可左右。万物恃之以生而不辞，功成而不有。衣养万物而不为主，可名于小；万物归焉而不为主，可名为大。以其终不自为大，故能成其大。（第三十四章）

译文：

大道广为流行，上下左右无所不至。万物依赖它生长，它则毫不推辞；它的功业显赫，却从不据为己有。它养育万物，却不去做万物的主宰，可以说它的名字就叫"小"；万物归附于它，它却不以主宰者的身份自居，又可以说它的名字就叫"大"。

圣人，正因为从不自以为大，这才成就了他的"大"。

附注：

原文"可名于小"前有"常无欲"三字。但据顾欢、李荣、奚侗、蒋锡昌等多位学者考证，此三字为衍文，故删去。

17

执大象，天下往。往而不害，安平泰。乐与饵，过客止。（第三十五章）

译文：

能够执守奉行大道的人，天下人就会来归顺他。归顺而能互不伤害，就可以和睦相处，平和安泰。（就像）动听的音乐和美味的饭食，都足以吸引过路的客人驻足止步。

18

道常无为而无不为。侯王若能守之，万物将自化。化而欲作，吾将镇之以无名之朴。镇之以无名之朴，夫将不欲。不欲以静，天下将自正。（第三十七章）

译文：

道，通常似乎无所作为，但实际上却无所不为。为侯为王者若能持守道义，循道行事，万物都会自育自化。自育自化过程中出现脱离常规的倾向，就要用无名之朴（道）去镇住它。无名之朴自会让那些倾向自行消除。越规倾向自行消除，天下自然就安静了，一切就都会转入正轨。

附注：

第二个"镇之以无名之朴"句，据马王堆帛书甲乙本补。

19

天下有始，以为天下母。既得其母，以知其子；既知其子，复守其母，没身不殆。塞其兑，闭其门，终身不勤；开其兑，济其事，终身不救。（第五十二章）

译文：

天下万物都有初始和开端。这个开端，就是生成万物的母亲——道。懂得了这个母亲，就可以了解她的孩子；了解了她的孩子，再返回去持守这些孩子的母亲，那么，人活到终老也不会遇到什么危险。

堵塞滋生各种嗜欲的缺口，关闭导致各种嗜欲的门径，人一辈子都不会辛劳困顿。而一旦打开了这个嗜欲的缺口，敞开导致各种嗜欲的门径，人就会一辈子不可救药。

20

道者，万物之奥，善人之宝，不善人之所保。美言可以市尊，美行可以加人。人之不善，何弃之有？故立天子，置三公，虽有拱璧以先驷马，不如坐进此道。古之贵此道者何？不曰：求此得，有罪以免邪？故

为天下贵。（第六十二章）

译文：

道是万物的庇护之所，行善之人珍惜它，不行善的人也想拥有它。美好的言辞可以换来尊重，良好的行为可以提升人的价值。即使那些不善之人，又何尝有被道抛弃之说？所以，人们才拥立天子，设置三公（其目的就是保持珍贵的道），即使行使拱璧在先、驷马在后的隆重俗礼，也不如恭恭敬敬献上道（循道行事）更重要。

古人把道看得如此珍贵，是何缘故？难道不就是因为只要诚心求道，一切愿望都能得到满足，纵然有了罪错，也可以得到原谅豁免么？正因为如此，它才成为天下最珍贵的东西。

21

使我介然有知，行于大道，唯施是畏。大道甚夷，而人好径。朝甚除，田甚芜，仓甚虚；服文采，带利剑，厌饮食，财货有余：是为盗夸，非道也哉！（第五十三章）

译文：

假如我自己头脑清醒且对道略有认知，那么，即使走在再宽阔平坦的大道上，也担心一不当心误入歧途。这是因为，尽管大道是那样宽阔平坦，却总有人喜欢抄近道，走邪路。（例如：）官阙官衙华丽整洁，官衙之外却农田荒芜，哀鸿遍野，仓廪空虚，入不敷出。而那些为官者则衣饰华美，身佩利剑，饱餐美食，厚积财货，挥霍无度……这是江洋大盗的行径，和道毫不相干！

22

以道莅天下，其鬼不神。非其鬼不神，其神不伤人。非其神不伤人，圣人亦不伤之。夫两不相伤，故德交归焉。（第六十章）

译文：

循道治理天下，鬼都不灵验了。不仅鬼不灵验，神也不伤人。不光是神不伤人，圣人也不伤人。鬼神、圣人与民众互不相伤，德（天运）

就会全部汇聚到这里。

23

天之道，不争而善胜，不言而善应，不召而自来，繟然而善谋。天网恢恢，疏而不失。（第七十三章）

译文：

天道，不争不夺却善于不战而胜，不言不语却处处获得回应，不召不唤却能使人自动归附，不动声色却善于谋划方略。天网宽广无边，虽然稀疏，却不会漏失一物。

24

天之道，其犹张弓欤？高者抑之，下者举之，有余者损之，不足者补之。天之道，损有余而补不足；人之道则不然，损不足以奉有余。孰能有余以奉天下？唯有道者。（第七十七章）

译文：

天道运行，不就像张弓射箭么？弦拉得高了，就把它压低；拉得低了，就把它抬高；拉得过紧了就松一点儿，拉得不足了就紧一点儿。其基本操作规则是损有余，补不足（保持平衡，适可而止），而（现在的）人道则相反——损害不足的而奉送给有余的（最终导致天下不公）。

谁能够真正以有余奉献不足？只有那些道行深厚的人。

25

天下莫柔弱于水，而攻坚强者莫之能胜，以其无以易之。柔之胜刚，弱之胜强，天下莫不知，莫能行。是以圣人云：受国之垢，是谓社稷主；受国不祥，是为天下王。正言若反。（第七十八章）

译文：

天下最柔弱的东西莫过于水，但它攻坚取胜的能力没有任何东西可与它相比，也没有任何东西可以取代它。弱能胜强，柔能胜刚，这个道理天下几乎尽人皆知，但就是没有人认真践行。

所以，圣人才谆谆告诫我们：那些忍辱负重，连国家的污垢都能欣然接受的人，才能成为社稷之主。那些不计祸福，连国家的灾难都能坦然承担的人，才能成为天下之王。这其实是正话反说。（圣人的真实意思是：要成为社稷之主、天下之王，就必须勇于承担所有的责任，包括国家的灾难和不足。）

26

天下之至柔，驰骋天下之至坚。无有入无间。吾是以知无为之有益。不言之教，无为之益，天下希及之。（第四十三章）

译文：

天下最柔弱的东西却能驾驭天下最强硬的东西，貌似虚无的东西却能穿透结构严密、没有间隙的物体。我由此明白了无为的益处——行不言之教，发无声之令，绩效最佳。（可惜的是）这一点天下极少有人能够做得到。

27

人之生也柔弱，其死也坚强；草木之生也柔脆，其死也枯槁。故坚强者死之徒，柔弱者生之徒。是以兵强则灭，木强则折。（第七十六章）

译文：

人活着的时候是柔软灵动的，但是死了躯体就变得僵硬坚挺。草木活着的时候也是柔弱青脆的，一死，就变得干硬枯槁了。所以，那些外强中干的东西，其实都是属于死亡的一类；而那些外柔内刚、生命力强盛的事物，却反而会兴旺发达。

由此可知：兵力过于强盛容易（四面树敌）招致毁灭，树木过于高大就容易被风吹折（或被人砍伐）。

附注：

河王本中"兵强则灭，木强则折"两句为"兵强则不胜，木强则共"，此据《列子·黄帝篇》《淮南子·原道训》改。

28

柔弱胜刚强。（第三十六章）

译文：

一般来说，貌似柔弱的新生者，总会胜过看去刚劲强壮的腐败者。

29

见小曰明，守柔曰强。用其光，复归其明，无遗身殃：是谓袭常。（第五十二章）

译文：

能在事物滋生最细微的萌芽状态便敏锐察觉到的，叫作"明察秋毫"。能坚持守柔原则待人待物，才叫作刚强。能用智慧之光反照自身，使自己不会遭到灾祸侵袭的，叫作"袭常"——承袭了道的真髓。

30

上士闻道，勤而行之；中士闻道，若存若亡；下士闻道，大笑之。不笑，不足以为道。（第四十一章）

译文：

上等士人深知道之意蕴，勤勤恳恳，身体力行；中等士人初知道之皮毛，似有似无，满目茫然；下等士人不识道为何物，不仅不以为然，反而开怀大笑。这并不奇怪，那些不懂道的人不笑，反倒不足以证明道的神妙了。

31

天道无亲，常与善人。（第七十九章）

译文：

天道虽没有任何偏爱，却总是伴随、亲近为善之人。

辩证法

32

天下皆知美之为美，斯恶已；皆知善之为善，斯不善已。故有无相生，难易相成，长短相形，高下相倾，音声相和，前后相随，恒也。（第二章）

译文：

若天下人都知道美之所以为美（即美之所在、美的标准），那么丑的概念和丑的事物也就随之产生；若天下人都知道善之所在、何以为善，那么不善（恶）的概念和不善之事也就跟着出现。

由此可知，有和无相互转化，难和易相互依存，长和短相互比较，高和低相互包容补充，音和声相互应和，前和后相互衔接：这都是亘古不变的现象。

33

故建言有之：明道若昧，进道若退，夷道若纇；上德若谷，广德若不足，建德若偷；质直若渝，大白若辱，大方无隅，大器晚成，大音希声，大象无形。道隐无名。夫唯道，善贷且成。（第四十一章）

译文：

所以，古人有言：明澈的道似乎显得昏暗暧昧，进取的道像在让人徘徊后退，坦荡的道看起来有些崎岖不平。崇高的德就像幽深空旷的山谷，宽广厚实的德似乎总有这样那样的不足，刚健有力的德或会显出懈怠无力的模样；质朴纯真的东西似乎总能找到某些瑕疵，洁白的东西总能看到污垢；真正方正的物品反而不显棱角，最庞大的器具总是不易完成，最浑厚的乐音反而听不到声响，最宏伟的东西似乎看不到它的形状。

而道，就深深隐藏在这些事物之中，你很难为它命名。但也只有道，才善于施予，促使万物获取成功。

34

其安易持，其未兆易谋；其脆易泮，其微易散。为之于未有，治之于未乱。合抱之木，生于毫末；九层之台，起于垒土；千里之行，始于足下。民之从事，常于几成而败之。慎终如始，则无败事。（第六十四章）

译文：

安定的局面容易维持，不露先兆的图谋容易实现。脆弱的东西容易破碎，细微的东西容易消散。（英明的治政者都会）在意外事件发生之前就予以防范，在祸乱产生之前就着手治理。须知粗达一抱的大树是由细微的萌芽长成的，气势宏伟的九层之台是从一锹一筐的垒土开建的，长达千里的旅程是从迈出的第一步开始的。

许多人办事，都常在几乎要成功的时候松手泄气，功亏一篑。如果能够谨慎如初、持之以恒，就没有办不成的事情了。

35

江海所以能为百谷王者，以其善下之，故能为百谷王。（第六十六章）

译文：

江海之所以能够成为百谷之王，是因为它善于处在低下的位置，容纳百川，包罗万象，所以才能成百谷之王。

36

善建者不拔，善抱者不脱，子孙以祭祀不辍。（第五十四章）

译文：

善于建立的人，所建之物不会被人拔除（因为他们不是为建而建）；善于持守的人，所持所守不会轻易被人抛弃（因为他们不是为守而守）。他们的子孙也能够继承香火，世代相传。

37

圣人方而不割，廉而不刿，直而不肆，光而不耀。（第五十八章）

译文：

圣人处事方正无私而不生硬粗糙，有棱有角而不伤害他人，耿直明爽而不任性放肆，光明磊落而不炫人眼目。

38

祸兮，福之所倚；福兮，祸之所伏。孰知其极？其无正也。正复为奇，善复为妖。人之迷，其日固久。（第五十八章）

译文：

灾祸，常有福分相傍；幸运，常有灾祸潜伏。谁知道它们最终会发展到什么地步？这中间毫无规律可言啊。（凡事都有一个度。）正过头了就会变为奇（邪），善过头了就会变为妖（恶）。人们对此迷惑不解已经很久了（盖因为不知道"适度"）。

　　附注：

"正复为奇，善复为妖"中的"复"字不是"重复""多次"，在多部字（词，辞）典中都有"繁复""繁多"之意，可以引申为"过分""失度"。欧谚云："在真理的道路上多走一步就会变为谬误。"可参。

39

大成若缺，其用不弊。大盈若冲，其用不穷。大直若屈。大巧若拙。大辩若讷。（第四十五章）

译文：

最完美的东西好像总有一点儿欠缺，这样它的功能才不至减损；盛装再满的容器也要留有亏空，这样它的用途才不会穷尽。再笔直的东西，看上去也有弯曲的地方；再高明的本领，总会显出某些笨拙之处；再卓越的辩才，也会有结巴口讷的时候。

40

将欲歙之，必固张之；将欲弱之，必固强之；将欲废之，必固兴之；将欲取之，必固与之。是谓微明。（第三十六章）

译文：

将收敛的，会先扩张；将衰败的，会先强盛；将废弃的，会先兴旺；将剥夺的，会先给予。这就叫作"微明"——在真相显露之前显示出某种微小征兆。

41

物或损之而益，或益之而损。人之所教，我亦教之：强梁者不得其死，吾将以为教父。（第四十二章）

译文：

世间万物都是物极必反的。有时你想减损它，却反而使它增益；你想给它好处，却往往对它造成损害。这些道理都是别人教给我的，我也把它教给更多的人。"强项暴戾的人不得善终"，我将永远把这句话奉为圭臬。

42

善行无辙迹。善言无瑕谪。善计不用筹策。善闭无关楗而不可开。善结无绳约而不可解。是以圣人常善救人，故无弃人；常善救物，故无弃物。是谓袭明。故善人者，不善人之师；不善人者，善人之资。不贵其师，不爱其资，虽智，大迷。是谓要妙。（第二十七章）

译文：

善于行走的人身后不留车辙足迹；善于言谈的人说话没有纰漏瑕疵；善于计算的人谋划大事不用筹码；善于闭锁的人不用栓梢，别人也无法打开；善于捆绑的人不用绳索，别人也无法开解。正因为有这些特殊的本领，圣人常善于救人助人，故而世上才没有被遗弃、被忘却之人；善于惜物救物，物尽其用，故而世上没有被遗弃、被闲置之物。这就叫作"袭明"——承袭了道的真谛和智慧。所以，那些善人，才成为不善之人的师表；而不善之人，也成为善人的借鉴，或衬托。

那些既不懂得尊重老师，又不爱惜可供借鉴的人，虽然看起来再聪明，其实是"大迷"——糊涂到家了。

个中道理，非常重要，非常玄妙。

43

昔之得一者：天得一以清；地得一以宁；神得一以灵；谷得一以盈；万物得一以生；侯王得一以为天下正。其致之也，谓天无以清，将恐裂；地无以宁，将恐废；神无以灵，将恐歇；谷无以盈，将恐竭；万物无以生，将恐灭；侯王无以正，将恐蹶。故贵以贱为本，高以下为基。是以侯王自谓孤、寡、不谷。此非以贱为本邪？非乎？故至誉无誉。不欲碌碌如玉，珞珞如石。（第三十九章）

译文：

（论"得一"）

自古得一的例子很多：天得一就会清澈透明，地得一就会安宁平静，神得一就会十分灵验，川谷得一就会水流充盈，万物得一就会生机蓬勃，为侯为王者得一天下就会走向正轨。

（得一就是得道。得道，就是获得道的养护。没有道的养护会有什么结果？）可以说：天若没有在道的养护下清澈透明，就会崩裂；地若没有在道的养护下安宁平静，就会荒废；神若没有在道的养护下显示灵验，就会消失；川谷没有在道的养护下水流充盈，就会干涸；万物没有在道的养护下富有生气，就会灭绝；为侯为王者没有在道的护持下治理天下，就要倒台。

（得道的人都知道：）高贵，是以低贱为根本的。崇高，是以低下为基础的。那些为侯为王者深明此理，故而常以"孤""寡""不谷"自称。这不正是以低贱为本（以求高贵）么？我这样说有错么？最高的称誉是没有称誉。不企求光洁靓丽如美玉，而宁愿粗糙狞厉似顽石。

44

古之善为道者，微妙玄通，深不可识。夫唯不可识，故强为之容：豫兮若冬涉川；犹兮若畏四邻；俨兮其若客；涣兮其若凌释；敦兮其若朴；旷兮其若谷；混兮其若浊；澹兮其若海；飂兮若无止。孰能浊以静之徐清？孰能安以动之徐生？保此道者，不欲盈。夫唯不盈，故能蔽而新成。（第十五章）

译文：

古代那些修道学道造诣深厚的人物，其道术微妙通达，深不可测。因为高深莫测，我只能勉强用比喻描述。

他小心谨慎，像小象冬天涉足冰河；他警觉戒备，像幼犬提防周围恶邻；他庄重得体，如同在别人家做客；他平易近人，如同春风消融冰冻；他质朴敦厚，像是未经雕琢的素材；他旷达虚怀，恰似包容万象的深谷；他淳厚淡泊，犹如微浑难测的静水；他纯净透明，就像幽深湛蓝的大海；他豁达大度，就像无限伸张的宇宙……

谁能（像他们那样静待）浊流由动到静，徐徐澄清？谁能（像他们那样坐视）静水由静到动，骤掀波涛？（只有他们，只有抱持道的信念坚定不移的人。）拥有这种信念的人，永远不会追求什么满足、充盈。就因为他们从不满足，从不"充盈"，所以才能兴利除弊，破旧立新，不断取得新的成就。

附注：

宋范应元、元吴澄、当代朱谦之注：豫，小象；犹，幼犬。多位学者都忽略了这一点，而将犹豫连用，解释为"犹犹豫豫""小心翼翼""迟疑不决"。望文生义，词不达意。

45

天长地久。天地所以能长且久者，以其不自生，故能长生。（第七章）

译文：

天地寿命恒长久远。天地之所以恒长久远，就是因为它们从不刻意追求长久，故此才能长久存在。

46

上善若水。水善利万物而不争，处众人之所恶，故几于道。（第八章）

译文：

最好的善行就像水——它对万物有利而与世无争。连它所在之地，都是众人所厌恶而不愿占据的场所。

所以，水的品格，才最接近于我们所说的道。

47

物壮则老，是谓不道，不道早已。（第三十章，第五十五章）

译文：

任何事物壮大到鼎盛之际便会趋向颓势、老朽衰败，势必失去道的养护。而一旦失去道的养护，就一定会很快走向灭亡。

德论（政治观）

48（部分同9）

天地不仁，以万物为刍狗；圣人不仁，以百姓为刍狗。（第五章）

译文：

天地、自然不讲私仁偏爱，在它们面前，世间万物都如同草编的刍狗（不会分外予以惜护）。圣人也同样没有私仁偏爱，在他们眼里，老百姓就像刍狗一样千篇一律（因而一视同仁）。

49

天下有道，却走马以粪；天下无道，戎马生于郊。（第四十六章）

译文：

道行天下，政治清明，战马都可以解甲归田。天下无道，战事频仍，战马则可能产驹在城郊（国之边境）。

50

大道废，有仁义；智慧出，有大伪；六亲不和，有孝慈；国家昏乱，有忠臣。（第十八章）

译文：

大道被废弃，才有所谓仁义登场。各种智慧层出不穷，大奸大伪便应运而生。家风败坏，六亲不和，才有孝子慈亲出现。国家陷入混乱旋涡，方显出忠烈之臣本色。

51（同17）

执大象，天下往。往而不害，安平泰。乐与饵，过客止。（第三十五章）

译文：

能够执守奉行大道的人，天下人就会来归顺他。归顺而能互不伤害，就可以和睦相处，平和安泰。（好像）动听的音乐和美味的饭食，都足以吸引过路的客人驻足止步。

52

将欲取天下而为之，吾见其不得已。天下，神器，不可为也，不可执也。为者败之，执者失之。是以圣人无为，故无败；无执，故无失。（第二十九章）

译文：

有人想把天下攫为己有，我看他永远不可得逞。须知天下乃是神器，任何人都不可对它为所欲为。恣意妄为者一定会以失败告终，一心想要把持它的人一定会丧失所有。圣人就因为实施无为之治，才不会招致任何失败；不处心积虑把持操纵它，才不会在任何时候失去它。

附注：

*"不可执也"四字是根据黄茂材、彭耜、易顺鼎等多位学者的考

证补加。

**"是以圣人无为，故无败；无执，故无失"，可能错简误编入六十四章。根据奚侗、陈鼓应等考证，转移至此。

53

是以圣人处无为之事，行不言之教。万物作焉而不始，生而不有，为而不恃，功成而弗居。夫唯弗居，是以不去。（第二章）

译文：

因此，圣人秉持无为的观念处置世事，奉行无言的方式实施教化，听任万物自由发展而不刻意干涉，促生成果而不据为己有，有所作为而不自恃其能，功业成就而不居功自傲。

正因为他不居功自傲，他的功业才不会失去。

54

夫物或行，或随，或歔，或吹，或强，或羸，或载，或隳。是以圣人去甚，去奢，去泰。（第二十九章）

译文：

（世人秉性千姿百态，很难用统一号令去加以约束。例如：）有人喜欢自行其是，有的人喜欢随声附和；有的人见人便嘘寒问暖，有的人漫不经心搭讪应付；有的人喜欢强势行事，有的人惯于柔弱待人；有的人顺风顺水四平八稳，有的人厄运不断处境困窘……

所以，圣人为政，要免除那些过分严酷的政令，清除那些自奉奢侈的行为，克服处事过于生硬的作风。

55（部分同 19）

天下有始，以为天下母。既得其母，以知其子；既知其子，复守其母，没身不殆。塞其兑，闭其门，终身不勤；开其兑，济其事，终身不救。见小曰明，守柔曰强。用其光，复归其明，无遗身殃：是谓袭常。（第五十二章）

译文：

天下万物都有初始和开端。这个开端，就是生成万物的母亲——道。懂得了这个母亲，就可以了解她的孩子；了解了她的孩子，再返回去守住这些孩子的母亲，那么，人活到终老也不会遇到什么危险。

堵塞滋生各种嗜欲的缺口，关闭导致各种嗜欲的门径，人一辈子都不会辛劳困顿。而一旦打开了这个嗜欲的缺口，敞开导致各种嗜欲的门径，人就会一辈子不可救药。能在事物滋生最细微的萌芽状态便敏锐察觉到的，叫作"明"。能坚持守柔原则待人待物，才叫作"强"。能用智慧之光反照自身，使自己不会遭到灾祸侵袭的，叫作"袭常"——承袭了道的真髓。

56

不尚贤，使民不争；不贵难得之货，使民不为盗；不见可欲，使民心不乱。是以圣人之治，虚其心，实其腹，弱其志，强其骨。常使民无知无欲。使夫智者不敢为也。为无为，则无不治。（第三章）

译文：

不推崇所谓的贤才异能，就可使臣民百姓不去挖空心思争名夺利；不看重难得的财货珍宝，就可以使臣民百姓不去为贼行盗作奸犯科；不炫耀人们贪求的东西，就可以使臣民百姓心平如镜不生惑乱。

所以，圣人治世，都要以净化人心、充实人腹、减弱其欲求、增强其筋骨为主。要使每个人都没有奸巧的心机和非分的欲望，那些怀有异心的奸邪之徒就不敢胆大妄为。治政者能以清静无为的心态去施政，天下就不会治理不好。

57

绝圣弃智，民利百倍；绝仁弃义，民复孝慈；绝巧弃利，盗贼无有。此三者以为文，不足。故令有所属：见素抱朴，少私寡欲，绝学无忧。（第十九章）

译文：

身居高位的治政者弃绝"圣贤""英明"之类虚妄的念头，老百姓会得到千百倍的好处；弃绝成仁取义之类烦琐的说教，老百姓就会变得上慈下孝；弃绝虚伪巧诈和谋财图利之类的恶行，尘世间就再不会有盗贼横行。

须知奢论"圣贤"，高唱"仁义"，鼓吹"巧利"（所谓"生财有道"），三者都是欺世盗名的虚文，是根本不足以用来治理天下的。

所以，治政发布任何号令，都应当让民众亲眼看到：你的态度是朴质无华、实实在在的，你的心地是不怀私念、少有贪欲的；你真心实意杜绝圣智礼法之类无用之学，可以让老百姓真正放心。

附注：

原文结束于"少私寡欲"。"绝学无忧"一句根据多种版本从二十章移至此处。

58（同24）

天之道，其犹张弓者欤？高者抑之，下者举之，有余者损之，不足者补之。天之道，损有余而补不足；人之道则不然，损不足以奉有余。孰能有余以奉天下？唯有道者。（第七十七章）

译文：

天道运行，不就像张弓射箭么？弦拉得高了，就把它压低；拉得低了，就把它抬高；拉得过紧了就松一点儿，拉得不足了就紧一点儿。其基本操作规则是损有余，补不足（保持平衡，适可而止），而（现在的）人道则相反——损害不足的而奉送给有余的（最终导致天下不公）。

谁能够真正以有余奉献不足？只有那些道行深厚的人。

59（同7）

道常无，名朴，虽小，天下莫能臣。侯王若能守之，万物将自宾。天地相合以降甘露，人莫之令而自均。始制有名，名亦既有，夫亦将知止。知止可以不殆。譬道之在天下，犹川谷之于江海。（第三十二章）

译文:

道,通常总处于虚无发散的状态,因而被人们唤作"无",又唤作"朴"。它虽细微莫测,但天下却没有任何东西可以让它臣服。为侯为王者只要能持守住它,那么,天下万物也就会自动宾服称臣了。

(这种情形,恰如)天地间的阴阳之气相互作用普降甘露,不需任何人下达指令便会自然抛洒均匀。万物滋生之后,人们便为它们制定了各种名称。名称既定,就要适可而止(不要继续产生纷争)。知道适可而止,就可以避免各种(纷争的)危险。

以道来说,它在天下统御万物,万物和它相比,就像川谷细流面对浩瀚的江海。(该如何去为它定名?)

60(同18)

道常无为而无不为。侯王若能守之,万物将自化。化而欲作,吾将镇之以无名之朴。镇之以无名之朴,夫将不欲。不欲以静,天下将自正。(第三十七章)

译文:

道,通常似乎无所作为,但实际上却无所不为。为侯为王者若能持守道义,循道行事,万物都会自育自化。自育自化过程中出现脱离常规的倾向,就要用无名之朴(道)去镇住它。无名之朴自会让那些倾向自行消除。越规倾向自行消除,天下自然就安静了,一切就都会转入正轨。

61

为学日益,为道日损。损之又损,以至于无为。无为而无不为。取天下常以无事。及其有事,不足以取天下。(第四十八章)

译文:

追求世俗学问者都希望每天都学有所得,寻求道义者却力求每天都能思虑减损。一减再减,最后就达致心无旁骛、遂顺自然的无为之境。到了这种境界,反而可以无所不为了。

治理天下,要的就是清静无为,看上去好像无所事事。一旦"有事"，就不配治理天下了。

62

知者不言，言者不知。塞其兑，闭其门；挫其锐，解其纷；和其光，同其尘，是谓玄同。（第五十六章）

译文：

明于道者不立言，好立言者不明道。（只有）堵塞产生嗜欲的孔隙，关闭满足嗜欲的门径，锉去追求嗜欲的锋芒，化解追求嗜欲的纷扰，中和收敛耀眼的光芒，同尘世间的一切和谐相处，才是神圣玄妙的天下大同。

63

多言数穷，不如守中。（第五章）

译文：

说话过多，（做事过度，）就会招致窘迫，处境尴尬，还不如斟酌轻重、持守虚中为妥。

64

圣人常无心，以百姓之心为心。善者吾善之，不善者吾亦善之，德善。信者吾信之，不信者吾亦信之，德信。圣人在天下，歙歙焉，为天下浑其心。百姓皆注其耳目，圣人皆孩之。（第四十九章）

译文：

圣人通常是没有一己之私心的，他们总是以百姓的心愿为心愿。对善良的人，他会善待；对不善良的人，他同样会善待。这样他就达到了为善的目的——导引天下人人向善。

对守信的人，他予以信任；对不守信誉的人，他同样予以信任。这样他就达到了倡信的目的——引领天下人人守信。

圣人治理天下，总是小心翼翼，不露声色，让天下人心都变得浑厚质朴。老百姓都在用自己的耳目聪明，而圣人，则使老百姓都回复到婴儿般的纯真质朴。

附注：

"圣人常无心"在河王本中是"圣人无常心"，此据帛书本、傅奕本和龙兴观本改。

65

故不可得而亲，不可得而疏；不可得而利，不可得而害；不可得而贵，不可得而贱。故为天下贵。（第五十六章）

译文：

故而有道者主政，能够超越亲疏、利害、贵贱的局限，不因为亲疏、利害、贵贱而有所不同。所以，他们才得到天下人的尊崇。

66

以正治国，以奇用兵，以无事取天下。吾何以知其然哉？以此：天下多忌讳，而民弥贫；民多利器，国家滋昏；人多伎巧，奇物滋起；法令滋彰，盗贼多有。故圣人云：我无为而民自化，我好静而民自正；我无事而民自富，我无欲而民自朴。（第五十七章）

译文：

治国要正（清静无为），用兵要奇（神机莫测），治理天下要无事（不滋扰百姓）。我如何知道必须如此呢？因为天下法规禁忌太多，老百姓就会因受到种种限制而越来越陷于贫困；老百姓手里握有太多的锋利刀矛器械，国家就会陷于混乱；老百姓学会过多的奇技淫巧，种种离奇古怪的事情就层出不穷；法令发布得越繁杂越森严，反而有更多的盗贼出现。

所以，圣人才教导我们：我清静无为，百姓就会自我教化；我喜欢相安无事，老百姓自然会循规蹈矩走向正轨；我不无故侵扰百姓，百姓自然生活富足；我没有贪图嗜欲的喜好，老百姓自然就会变得宽厚淳朴。

67

其政闷闷，其民淳淳；其政察察，其民缺缺。是以圣人方而不割，廉而不刿，直而不肆，光而不耀。（第五十八章）

译文：

政令模糊宽厚，老百姓就会变得善良淳朴。政令森严苛刻，老百姓就会学得奸邪狡诈。所以，圣人处事方正无私而不生硬粗糙，有棱有角而不伤害他人，耿直明爽而不任性放肆，光明磊落而不恣意炫耀。

68（同38）

祸兮，福之所倚；福兮，祸之所伏。孰知其极？其无正也。正复为奇，善复为妖。人之迷，其日固久。（第五十八章）

译文：

灾祸，常有福分相傍；幸运，常有灾祸潜伏。谁知道它们最终会发展到什么地步？这中间毫无规律可言啊。（凡事都有一个度。）正过头了就会变为奇（邪），善过头了就会变为妖（恶）。人们对此迷惑不解已经很久了（盖因为不知道"适度"）。

    附注：

"正复为奇，善复为妖"中的"复"字不是"重复""多次"，在多部字（词，辞）典中都有"繁复""繁多"之意，可以引申为"过分""失度"。欧谚云："在真理的道路上多走一步就会变为谬误。"可参。

69

治人，事天，莫若啬。夫唯啬，是谓早服。早服谓之重积德。重积德则无不克。无不克则莫知其极。莫知其极，可以有国。有国之母，可以长久。是谓深根固柢，长生久视之道。（第五十九章）

译文：

治理人，服侍天，没有比节俭、惜物更好的了。只有节俭、惜物，才算得上是"早服"——未雨绸缪，早做准备。

"早服"的意思就是不断地积德，不断积德就没有什么攻不克的难关。那些什么难关都攻无不克（的人），（别人）很难估量他的功力发挥到极致的情形。（而只有那些）终极功底不可估量的人，才可以担当治理国家的重任。掌握了治理国家的根本方略，国运就可以维持长久。这才是所谓加深根基、坚固枝节、长久维持的治理之道。

附注：

历代学者对"天"有两种解释：一是指自然界的"天之道"；再是指人的身心，"事天"即养护身心。可参。

70（部分同 22）

治大国，若烹小鲜。以道莅天下，其鬼不神。非其鬼不神，其神不伤人。非其神不伤人，圣人亦不伤之。夫两不相伤，故德交归焉。（第六十章）

译文：

治理大国就像烹调小鱼小虾（必须小心翼翼，避免翻腾）。循道治理天下，鬼都不灵验了。不仅鬼不灵验，神也不伤人。不光是神不伤人，圣人也不伤人。鬼神、圣人与民众互不相伤，德（天运）就会全部汇聚到这里。

71

大国者下流也，天下之牝，天下之交也。牝常以静胜牡，以静为下。故大国以下小国，则取小国；小国以下大国，则取大国。故或下以取，或下而取。大国不过欲，兼畜人；小国不过欲，入事人。夫两者各得其所欲，大者宜为下。（第六十一章）

译文：

大国（处在天下雌柔的位置）就像江河的下游，因而也就成为天下实力汇聚之处。雌柔常以静定胜过雄强，那是因为它能够保持静定且甘心为下。

由此可知，大国能够以谦下之态对待小国，就能臣服收揽小国；而小国若能以谦卑态度侍奉大国，就能见容于大国。要么大国做出谦下的姿态臣服收揽小国，要么小国处在谦卑之位见容于大国，二者必居其一。大国无非是想收服小国，小国无非是想受大国庇护，若想两者的目的都能达到，大国仍当以谦下为宜。

72

为无为，事无事，味无味。大小多少。图难于其易，为大于其细。天下难事，必作于易；天下大事，必作于细。是以圣人终不为大，故能成其大。轻诺必寡信，多易必多难。是以圣人犹难之，故终无难矣。（第六十三章）

译文：

行无为之政，做无事之事，品无味之味。积小成大，聚少为多。要想办妥一件难事，首先要找到它容易着手之处；要想成就一件大事，同样须从细微之处起始。办成天下难事，一定先从易事做起；成就天下大事，一定要从小事做起。所以，圣人从不贪多贪大，因而才能办成大事。

轻易许诺，一定很难保证信用。凡事看得太容易，就一定会遇到许多难题。圣人办任何事，都充分估量到它的难度，于是对他们来说，就永远没有办不到的难事了。

附注：

"大小多少"句疑有脱字。

73（同34）

其安易持，其未兆易谋；其脆易泮，其微易散。为之于未有，治之于未乱。合抱之木，生于毫末；九层之台，起于垒土；千里之行，始于足下。民之从事，常于几成而败之。慎终如始，则无败事。（第六十四章）

译文：

安定的局面容易维持，不露先兆的图谋容易实现。脆弱的东西容易破碎，细微的东西容易消散。（英明的治政者都会）在意外事件发生之前就予以防范，在祸乱产生之前就着手治理。须知粗达一抱的大树是由细微的萌芽长成的，气势宏伟的九层之台是从一锹一筐的垒土开建的，长达千里的旅程是从迈出的第一步开始的。

许多人办事，都常在几乎要成功的时候松手泄气，功亏一篑。（为什么？就是因为他们不明白任何事物都是由小到大、积少成多的道理，故而不能持之以恒。）如果能够谨慎如初、持之以恒，就没有办不成的事情了。

74（部分同 35）

江海所以能为百谷王者，以其善下之，故能为百谷王。是以圣人欲上民，必以言下之；欲先民，必以身后之。是以圣人处上而民不重，处前而民不害。是以天下乐推而不厌。以其不争，故天下莫能与之争。（第六十六章）

译文：

江海之所以能够成为百谷之王，是因为它善于处在低下的位置，容纳百川，包罗万象，所以才能成百谷之王。圣人具有江海那样的襟怀和品格，他们深知：要想受到人民的尊崇，一定要注意言词谦下；想要走在众人之前，一定要首先置身人后。正因为如此，他们才能高居上位而不使大家感到负担沉重，率先前行而不使大家觉得有什么坏处。也因为如此，天下之人才乐于推戴他而不觉得厌烦。由于他凡事不与人争，所以天下也没有人能够和他争锋。

75

太上，下知有之；其次，亲而誉之；其次，畏之；其次，侮之。信不足焉，有不信焉。悠兮其贵言。功成事遂，百姓皆谓："我自然。"（第十七章）

译文：

最好的治政者，让老百姓只知道他们的存在；次一等的治政者，会得到老百姓的亲近和赞誉；再次一等的，老百姓害怕他们，躲避他们；更次一等的，则被老百姓轻蔑、侮辱，甚至推翻。执政者的诚信不足，就不会得到老百姓的信任。

这都是千金难买的金玉良言啊！（高明的治政者，都应该无为而治，循道行事。）办成任何一件大事，让老百姓觉得自然而然，顺理成章，说：本来就应该是这样的嘛！

附注：

"太上，下知有之"句在《永乐大典》文本中作"太上，不知有之"。可参。

76

上德不德，是以有德；下德不失德，是以无德。上德无为而无以为；下德为之而有以为。上仁为之而无以为；上义为之而有以为。上礼为之而莫之应，则攘臂而扔之。故失道而后德，失德而后仁，失仁而后义，失义而后礼。夫礼者，忠信之薄，而乱之首。前识者，道之华，而愚之始。是以大丈夫处其厚不处其薄，居其实不居其华。故去彼取此。（第三十八章）

译文：

拥有上等德行的人不刻意追求德的形式，因而实际上有德；具备下等德行的人唯恐失去有德之名，结果反而变成无德。拥有上等德行的人顺应自然，从不刻意有所作为；具备下等德行的人刻意求德，因而常常多做多为。以"仁"为上者总想有所作为，但却常常一无所获；以"义"为上者也想有所作为，故而常常任性而为；以"礼"为上者企图有所作为但却得不到预期的响应，因而不得不攘臂挥拳，强迫人们就范。

由是观之，（德、仁、义、礼，都是背道而行的产物：）失去道之后才有了德，失去德之后才有仁，失去仁而后才有义，失去义而后才有礼。所谓礼，其实是忠诚和信誉都丧失净尽之后的无奈之举，是导致种种祸乱的开端。那些（制定各种礼仪规程的）所谓先知先觉者，都是顶着道的光环欺世盗名的浮华之徒。推行他们的礼仪规程，就是让人们走向愚昧。所以，大丈夫立身敦厚而不居于浇薄，崇尚朴实而不喜欢浮华。在敦厚和浇薄、朴实和浮华之间，他们选取前者而舍弃后者。

附注：

这里的"德"不是品德，而是对道的领悟程度和实践能力。

77（部分同 47）

以道佐人主者，不以兵强天下，其事好还。师之所处，荆棘生焉；大军之后，必有凶年。善有果而已，不以取强。果而勿矜，果而勿伐，果而勿骄，果而不得已，果而勿强。物壮则老，是谓不道，不道早已。（第三十章）

译文：

以道辅佐君主的人，不会依仗兵力逞强于天下。因为，以强力服人者，最后总会受到报应。不仅动用武力会遭到报复，还因为有军队的地方常常田园荒芜，荆棘丛生，每次大战结束之后，总有凶年（灾荒饥馑之年）接踵而至。

所以，善于用兵者，只要达到出兵目的就是了，绝不敢依仗军力逞强斗胜。他们达到出兵目的，便不会矜持自得，忘乎所以；也不再穷追猛打，继续进击；更不会骄横跋扈，以势欺人。

物极必反。任何事物壮大到鼎盛之际便会趋向颓势、老朽衰败，势必失去道的养护。而一旦失去道的养护，就一定会很快走向灭亡。

78

夫佳兵者，不祥之器，物或恶之，故有道者不处。君子居则贵左，用兵则贵右。兵者不祥之器，非君子之器，不得已而用之，恬淡为上。胜而不美，而美之者，是乐杀人。乐杀人者，则不可得志于天下矣。吉事尚左，凶事尚右；偏将军居左，上将军居右。言以丧礼处之。杀人之众，以悲哀泣之；战胜，以丧礼处之。（第三十一章）

译文：

精兵、利器，都是不祥之物，人们对它都很厌恶。所以，有道行的人不使用它。他们平日自处，都是以主吉的左方为贵，只在用兵作战时，才把主凶的右方看得很重。正因为军队、兵戈是不祥之物，不是君子当用的东西，所以，一般都是不得已才动用它。不仅如此，还要以恬淡漠然为上，绝不把它用得过分。即使获胜，也不以胜为美，因为以胜为美就是以杀人为乐，而以杀人为乐的人，是休想征服天下人心的。

要而言之：平时遇到吉庆要以左为上，遇到凶丧要以右为上；战时辅佐大将的偏将军要居左，主持军务的上将军要居右。这是说，要带着举办丧礼那样的哀痛心情去对待战争。战争中伤亡众多，要怀着慈悲哀伤的心情去处理善后事宜；即使战事胜利，也要像处置丧事一样肃穆隆重。

79

善为士者不武。善战者不怒。善胜敌者不与。善用人者为之下。是谓不争之德。是谓用人之力。是谓配天古之极。（第六十八章）

译文：

善为将帅者不耀武扬威。善于作战者不以怒出战。善于克敌制胜者不同对手纠缠争斗。善于用人者乐于甘居人下。这就叫作"不争之德"。这就叫作"借力使力"。这就叫作与自古以来就存在的天道默契相合。

80

用兵有言："吾不敢为主而为客，不敢进寸而退尺。"是谓行无行，攘无臂，执无兵，乃无敌。祸莫大于轻敌。轻敌几丧吾宝。故抗兵相加，哀者胜矣。（第六十九章）

译文：

善于用兵的人常说："我不敢反客为主而只是甘居客位，不敢前进一寸而宁可后退一尺。"他们最擅长的就是摆无阵之阵，奋无形之臂，直面无形之敌，指挥无兵之兵。

没有比轻敌更能招致祸患的了。轻敌会丧尽我的三宝（慈，俭，不敢为天下先）。所以，两支势均力敌的兵力狭路相逢，心怀悲悯（不愿主动发起进攻）的一方，常常获胜。

81

民不畏威，则大威至。无狎其所居，无厌其所生。夫唯不厌，是以不厌。是以圣人自知不自见，自爱不自贵。故去彼取此。（第七十二章）

译文：

当老百姓不害怕威压（而奋起反抗）的时候，最可怕的祸乱就要来临了。不要侵犯老百姓的居住之所！不要阻塞老百姓的谋生之道！只有不压榨人民，人民才不会厌恶你。

所以，有道的圣人才力求自知而不去自我炫耀，但求自爱而不去自显高贵。在自知自爱和自炫自贵之间，他们舍弃后者而选取前者。

82

民不畏死，奈何以死惧之？若使民常畏死，而为奇者，我得执而杀之，孰敢？常有司杀者杀。夫代司杀者杀，是代大匠斫。夫代大匠斫者，鲜有不伤其手者矣。（第七十四章）

译文：

老百姓从来不怕死，怎么能用死去恐吓他们？假如有人执意走歪门邪道，让老百姓长期处于死亡的威胁之下，我就把他抓起来杀掉，看谁还敢这样做？！

照常理，杀人自有执掌生杀大权者去执行。替执掌生杀大权者去杀人，就像是代替高明的木匠去挥斧滥砍。班门弄斧，越俎代庖，很少有不自伤其手的。

83

民之饥，以其上食税之多，是以饥。民之难治，以其上之有为，是以难治。民之轻死，以其上求生之厚，是以轻死。夫唯无以生为者，是

贤于贵生。(第七十五章)

译文:

老百姓没饭吃,是因为处于上位的人征敛各种赋税太多,才使他们忍饥受饿。老百姓难治理,是因为处于上位的人横行不法胡作非为,才逼得他们(铤而走险,)不好治理。老百姓把死看得很轻,更是因为处于上位的人自奉过丰(敲骨吸髓榨取民脂民膏,逼得老百姓没有生路),他们才不把生死当一回事。只有不把自奉享乐作为追求目标的人,才比那些自奉丰厚自视尊贵者更贤明。

84

小国寡民。使有什佰之器而不用,使民重死而不远徙。虽有舟车,无所乘之;虽有甲兵,无所陈之。使民复结绳而用之。甘其食,美其服,安其居,乐其俗。邻国相望,鸡犬之声相闻,民至老死,不相往来。(第八十章)

译文:

国家要小。民众要少。要让老百姓即使有各种各样的器具,也用不着;让他们珍惜生命厌恶死亡,不愿随意迁徙远行;让他们即使有车有船,也不去舟车劳碌;让他们纵然拥有各种兵甲武器,也没有用武之地。最好让老百姓重新返回到结绳记事的懵懂状态(去过那无忧无虑、无奢望、无烦恼的淳朴日子)。(国家治理到极致)就要让老百姓吃得香甜丰盛,穿得整齐漂亮,住得安全宁静,风俗欢乐和谐。邻国之间彼此相望,鸡犬之声都能互相听到,但老百姓直到老死都不互相往来。

85

和大怨,必有余怨;报怨以德,安可以为善?是以圣人执左契而不责于人。有德司契,无德司彻。天道无亲,常与善人。(第七十九章)

译文:

调解深重的怨恨必然留下报不完的余怨,以德报怨,又如何能达到为善的目的?所以,圣人(都像明智的债主)只保存借据的存根,但不要求对方还债。有德之人也是只执借据而不讨债，无德之人才像税官那样锱铢必较，分毫不让。天道虽没有任何偏爱，却总是伴随、亲近为善之人。

附注：

"报怨以德"四字据马叙伦、严灵峰等考证，从第六十三章移至此处。

86（同25）

天下莫柔弱于水，而攻坚强者莫之能胜，以其无以易之。柔之胜刚，弱之胜强，天下莫不知，而莫能行。是以圣人云：受国之垢，是谓社稷主；受国之不祥，是谓天下王。正言若反。（第七十八章）

译文：

天下最柔弱的东西莫过于水，但它攻坚取胜的能力没有任何东西可与它相比，也没有任何东西可以取代它。弱能胜强，柔能胜刚，这个道理天下几乎尽人皆知，但就是没有人认真践行。

所以，圣人才谆谆告诫我们：那些忍辱负重，连国家的污垢都能欣然接受的人，才能成为社稷之主。那些不计祸福，连国家的灾难都能坦然承担的人，才能成为天下之王。这其实是正话反说。（圣人的真实意思是：要成为社稷之主、天下之王，就必须勇于承担所有的责任，包括国家的灾难和不足。）

87（部分同40）

将欲歙之，必固张之；将欲弱之，必固强之；将欲废之，必固兴之；将欲取之，必固与之。是谓微明。柔弱胜刚强。（第三十六章）

译文：

将收敛的，会先扩张；将衰败的，会先强盛；将废弃的，会先兴旺；将剥夺的，会先给予。这就叫作"微明"——在真相显露之前显示出某种微小征兆。一般来说，貌似柔弱者会胜过刚劲强壮者。

88（部分同36）

善建者不拔，善抱者不脱，子孙以祭祀不辍。修之于身，其德乃真；修之于家，其德乃余；修之于乡，其德乃长；修之于邦，其德乃丰；修之于天下，其德乃普。故以身观身，以家观家，以乡观乡，以邦观邦，以天下观天下。吾何以知天下然哉？以此。（第五十四章）

译文：

善于建立的人，所建之物不会被人拔除（因为他们不是为建而建）；善于持守的人，所持所守不会轻易被人抛弃（因为他们不是为守而守）。他们的子孙也能够继承香火，世代相传。

以道治身，就能修到真德。以道治家，真德就会丰裕。以道治乡，真德就会扩大。以道治国，真德就会丰厚充实。以道治天下，真德就会广泛普及。所以，看一个人就可以看到他身边所有的人，看一个家就可以看到他毗邻所有的家，看一个乡就可以看到他周围所有的乡，看一个国就可以看到他周边所有的国，看天下一隅，就可以看到他治下的天下全貌。

我如何能通晓天下大势？就是用这样的观想之方。

附注：

这里的"德"不光指品德，更指施政能力和治政水平。

89

希言自然。故飘风不终朝，骤雨不终日。孰为此者？天地。天地尚不能久，而况于人乎？（第二十三章）

译文：

少开口说话，少发号施令，清静无为，才符合自然之道。

众所周知，狂风持续不到一个早晨，骤雨连降不了一个整天。是谁掀起了狂风骤雨？是天地。天地之力那样强大，尚且不能让狂风暴雨持续长久，何况我们人呢！

90

故从事于道者，同于道；德者，同于德；失者，同于失。同于道者，道亦乐得之；同于德者，德亦乐得之；同于失者，失亦乐得之。信不足焉，有不信焉。（第二十三章）

译文：

（由此可知循道办事比什么都重要。）求道者能够与道同一，求德者能够与德同一。而无道无德者，则失道失德，与"失"同一。

（反过来说）与道同一者，道也乐于接纳他；与德同一者，德亦乐于接纳他；而与失同一者，失也同样乐于接纳他。

治政者（不讲道义）诚信不足，人就不相信他。

91（同53）

是以圣人处无为之事，行不言之教；万物作而弗辞，生而弗有，为而弗恃，功成而弗居。夫唯弗居，是以不去。（第二章）

译文：

因此，圣人秉持无为的观念处置世事，奉行无言的方式实施教化，听任万物自由发展而不刻意干涉，促生成果而不据为己有，有所作为而不自恃其能，功业成就而不居功自傲。

正因为他不居功自傲，他的功业才不会失去。

92

古之善为道者，非以明民，将以愚之。民之难治，以其智多。故以智治国，国之贼；不以智治国，国之福。知此两者，亦稽式。常知稽式，是谓玄德。玄德深矣，远矣，与物反矣。然后乃至大顺。（第六十五章）

译文：

古代那些善于行道的圣贤之人，并不教百姓学得精明乖巧，而是让百姓变得愚顽淳朴。（因为他们知道）老百姓之所以难以治理，是因为他们心计太多了。所以，企图以玩弄心机权术治理国家的人，是坑害国家的贼寇；而不靠玩弄心机权术治理国家，才是国家的福祉所系。

明了这二者之间的差别，也是一条治政规则。经常研究并且熟悉这条规则，就会拥有玄德。这个玄德确实极其高深，极其渺远，它统率万物归附于道。如此，才能大顺大治。

93（部分同 26）

不言之教，无为之益，天下希及之。（第四十三章）

译文：

行不言之教，发无声之令，绩效最佳。（可惜的是）这一点天下极少有人能够做得到。

94

鱼不可脱于渊，邦之利器不可以示人。（第三十六章）

译文：

游鱼不可脱离隐身其中的深渊而存活。国家的权力重器（指国家重要机密）也应严加保守，而不可轻易昭示于人。

人论（人生观）

95（同 3）

故道大，天大，地大，人亦大。域中有四大，而人居其一焉。人法地，地法天，天法道，道法自然。（第二十五章）

译文：

所以，我们说，道大，天大，地大，人也大。寰宇之内有四大，人是其中之一。

（这四大之间的关系是：）人取法地，地取法天，天取法道；或者换一种说法：人的活动受地的约束，地的运转受天的限制，天的运行受道的支配。而道，则遵循自然规律，永远处于自然状态。

附注：

"……王亦大。域中有四大，而王居其一焉"句在傅奕、范应元本中为"人亦大。域中有四大，而人居其一焉"。历代多位学者皆认为"王"代表"人"，我们觉得以"人"为妥。

96（部分同 9）

天地不仁，以万物为刍狗；圣人不仁，以百姓为刍狗。天地之间，其犹橐籥乎？虚而不屈，动而愈出。多言数穷，不如守中。（第五章）

译文：

天地、自然不讲私仁偏爱，在它们面前，世间万物都如同草编的刍狗（不会分外予以惜护）。圣人也同样没有私仁偏爱，在他们眼里，老百姓就像刍狗一样千篇一律（因而一视同仁）。

天地之间的自然规则发挥作用的时候，是什么景象？它难道不像一个巨大的风箱？看似虚空，蕴藏的实力却无穷无尽。一旦发动，就会源源不断地输送出来，而且越输越多。

（我们应当从中得到什么启示？人，也应该效法天地，虚怀若谷，在该发挥作用的时候再发挥作用。）说话过多，（做事过度，）就会招致窘迫，处境尴尬，还不如斟酌轻重、持守虚中为妥。

97（部分同 45）

天长地久。天地所以能长且久者，以其不自生，故能长生。是以圣人后其身而身先；外其身而身存。非以其无私邪？故能成其私。（第七章）

译文：

天地寿命恒长久远。天地之所以恒长久远，就是因为它们从不刻意追求长久，故此才能长久存在。正因为明白了这一点，那些真正领悟了道之真谛的圣人，才（在利益面前）主动退后，最终却被人们推到了前面；（处于困境之际）不惜将生死置之度外，而往往却能得到保全。这难道不正是他没有私心，不图私利的结果么？所以，无私，才能成全人自身。

98

天下皆谓我道大，似不肖。夫惟大，故似不肖。若肖，久矣其细也夫。我有三宝，持而保之：一曰慈；二曰俭；三曰不敢为天下先。慈，故能勇；俭，故能广；不敢为天下先，故能成器长。今舍慈且勇，舍俭且广，舍后且先，死矣！夫慈，以战则胜，以守则固。天将救之，以慈卫之。（第六十七章）

译文：

天下人都对我说：那"道"有多大啊，好像没有任何东西和它相像？（我说）就因为它太大，所以才不像任何东西。若和任何东西相像，它早就细微得不堪称"道"了。

我有三大法宝持守不渝：其一是慈柔，其二是俭约，其三是凡事不敢与天下人争先。

慈柔，才能产生勇武；俭约，才能成就大事；不敢与天下人争先，才能统领天下，驾驭万物。如果舍弃慈柔而一味去追求勇武，舍弃俭约而一味去追求宏大，舍弃甘居人后而一味去追求出人头地，那就一定会走向灭亡。慈柔，用来征战就能旗开得胜，用来守卫就会固若金汤。天要助谁，就用慈柔来护卫他。

附注：

"天下皆谓我道大，似不肖。夫惟大，故似不肖。若肖，久矣其细也夫"，疑错简。严灵峰、陈鼓应等认为宜移至三十四章"故能成其大"句后。可参。

99

祸莫大于不知足，咎莫大于欲得。故知足之足，常足矣。（第四十六章）

译文：

祸患，没有比不知满足所酿成的更大；灾难，没有比贪得无厌所招致的更甚。所以，因知足而时时感到满足的人，才会永远处于满足状态。

100（部分同 46）

上善若水。水善利万物而不争，处众人之所恶，故几于道。居善地，心善渊，与善仁，言善信，政善治，事善能，动善时。夫唯不争，故无尤。（第八章）

译文：

最好的善行就像水——它对万物有利而与世无争。连它所在之地，都是众人所厌恶而不愿占据的场所。

所以，水的品格，才最接近于我们所说的道。

（人要自处，就应当：）居善地（如水之就下），存善心（如渊利万物），善待人（与人为善），善开口（言而有信），善为政（讲求方略），善处事（量力而行），善选时（择机而动）。只有不与人争，才能没有怨尤。

101

五色令人目盲；五音令人耳聋；五味令人口爽；驰骋畋猎，令人心发狂；难得之货，令人行妨。是以圣人为腹不为目，故去彼取此。（第十二章）

译文：

色彩缤纷的颜色让人视力退减。嘹亮嘈杂的音乐让人听力失灵。丰富厚重的美味让人不辨咸淡。放纵无羁的畋猎让人丧心病狂。而那些不可多得的珍奇宝物，则让人蝇营狗苟，贻害无穷。正因为如此，有道的圣人只求腹中温饱不求赏心悦目，往往舍弃过分的感官享受而选择简朴的生活。

102（部分同 15）

致虚极，守静笃。万物并作，吾以观复。夫物芸芸，各复归其根。

归根曰静，静曰复命。复命曰常，知常曰明。不知常，妄作，凶。知常，容。容乃公，公乃全，全乃天，天乃道，道乃久，没身不殆。（第十六章）

译文：

修炼致虚的功夫，就要（尽力）使心宇空灵，达到极致。养成守静的习惯，就要（尽量）使心境平和，臻于至境。

万物都在蓬勃生长，我正好借机观察它们循环往复的过程。那欣欣向荣的万事万物看似纷纭繁复，其实都是要回归其本根的。回归本根就清静了，清静的意思就是返璞归真，返璞归真即进入常态。了解它们的常态后，便会洞察一切，明白许多事理。而如果不明事理，妄加干涉，一定会导致意想不到的恶果。明白了常态便知道如何包容，包容即能够产生公平，公平则能够带来周全，周全便会符合天意，符合天意也就顺应了道，顺应了道，便会长久。（能做到这些）人一辈子也不会遭遇不测。

103

曲则全，枉则直，洼则盈，敝则新，少则得，多则惑。是以圣人抱一为天下式：不自见，故明；不自是，故彰；不自伐，故有功；不自矜，故长。夫唯不争，故天下莫能与之争。古之所谓"曲则全"者，岂虚言哉？诚全而归之。（第二十二章）

译文：

能委曲方可求全，能屈俯方可伸直。有洼陷才有利于聚敛充盈，有敝旧才会促使吐故纳新。少取，才能多得；纷繁，则会迷乱。

所以圣人才怀抱着一个道字，为天下人做出榜样：他们不自以为是轻视他人，因而思路明澈头脑清醒；他们不自我膨胀自我炫耀，因而声誉反而更为彰显；他们不贪图功名自损自毁，反而能够功成名就；他们不自矜其长傲气凌人，反而赢得众望所归。就因为凡事谦让，低调不争，天下才无人能和他相争。

古人所说"委曲求全"，难道是一句空话吗？事实证明，这是完全符合道义的。

104

企者不立，跨者不行；自见者不明，自是者不彰；自伐者无功，自矜者不长。其在道也，曰"余食赘行"。物或恶之，故有道者不处。（第二十四章）

译文：

总是踮起脚跟，想比别人站得高的人，难以站稳；总是迈开大步，想比别人走得快的人，走不长远。只看到自己长处的人，不见得会比别人高明；只觉得自己十全十美的人，不会得到广泛关注。求胜心切，不惜自损自毁的人，不会成就什么大事；刚愎自用、目中无人的人，不会众望所归，成为首领。

从道的角度讲，这些行为，都像剩饭赘肉一样令人作呕。所以，有道行的人都不会这样做。

105

重为轻根，静为躁君。是以君子终日行不离辎重。虽有荣观，燕处超然。奈何万乘之主而以身轻天下？轻则失根，躁则失君。（第二十六章）

译文：

厚重是轻浮的根基，清静是浮躁的主宰。

（正因为明白个中真谛）所以，有道行的君子从早到晚所言所行终不离道，如同远行者不离衣食车辆。即使再华美优裕的生活，对他们也没有什么诱惑。他们完全能够超然物外，泰然处之。

那么，身为万乘之主的国君，如何能够只知自珍自爱，却不以天下社稷为重？轻浮，就会失去立身的根本。浮躁，就会丧失行为的主宰。

106（同42）

善行无辙迹。善言无瑕谪。善计不用筹策。善闭无关楗而不可开。

善结无绳约而不可解。是以圣人常善救人，故无弃人；常善救物，故无弃物。是谓袭明。故善人者，不善人之师；不善人者，善人之资。不贵其师，不爱其资，虽智，大迷。是谓要妙。（第二十七章）

译文：

善于行走的人身后不留车辙足迹；善于言谈的人说话没有纰漏瑕疵；善于计算的人谋划大事不用筹码；善于闭锁的人不用栓梢，别人也无法打开；善于捆绑的人不用绳索，别人也无法开解。正因为有这些特殊的本领，圣人常善于救人助人，故而世上才没有被遗弃、被忘却之人；善于惜物救物，物尽其用，故而世上没有被遗弃、被闲置之物。这就叫作"袭明"——承袭了道的真谛和智慧。所以，那些善人，才成为不善之人的师表；而不善之人，也成为善人的借鉴，或衬托。

那些既不懂得尊重老师，又不爱惜可供借鉴的人，虽然看起来再聪明，其实是"大迷"——糊涂到家了。

个中道理，非常重要，非常玄妙。

107

知其雄，守其雌，为天下溪。为天下溪，常德不离，复归于婴儿。知其白，守其黑，为天下式。为天下式，常德不忒，复归于无极。知其荣，守其辱，为天下谷。为天下谷，常德乃足，复归于朴。朴散则为器，圣人用之则为官长。故大制不割。（第二十八章）

译文：

明知自己实力强大，却安守雌柔，甘做疏导天下众水的溪涧。成为这样的"溪涧"，永恒的德就不即不离，回复到无知无欲、淳朴天真的婴儿状态。

明知什么是光鲜靓丽，却安守暗昧，为天下人树立效法的楷模。成为这样的楷模，永恒的德便没有差失，复归于无终无极、辽远空阔的道的境界。

明知什么是荣耀显赫，却安守谦卑，成为容纳天下百川的深谷。成为这样的深谷，永恒的德就会充裕、满足，完全回复到自然真朴的道的状态。

道的功能散发开来，成就万物。圣人循道驭使万物，实施无为之治，便成为百官之长。如此建立的天下大制，才不会受到任何侵害。

附注：

"守其黑，为天下式。为天下式，常德不忒，复归于无极。知其荣"二十三字，据《庄子·天下》篇所引《道德经》文及多位学者考证，这几句话为后人所加。

108

知人者智，自知者明。胜人者有力，自胜者强。知足者富。强行者有志。不失其所者久。死而不亡者寿。（第三十三章）

译文：

善于了解别人的人聪慧，善于了解自己的人明智。能够战胜别人的人有力量，能够战胜自己的人很强大。凡事知足的人富有，坚持力行的人志向高远。不失却自己根基的人，可以立身长久；人虽死了，却没有被人忘记，才是真正的长寿。

109

唯之与阿，相去几何？美之与恶，相去若何？人之所畏，不可不畏？荒兮，其未央哉！众人熙熙，如享太牢，如春登台。我独泊兮，其未兆。沌沌兮，如婴儿之未孩；傈傈兮，若无所归。众人皆有余，而我独若遗。我愚人之心也哉！俗人昭昭，我独昏昏。俗人察察，我独闷闷。众人皆有以，而我独顽且鄙。我独异于人，而贵食母。（第二十章）

译文：

唯诺顺从和阿谀奉承相差（不了）多少？秉性善良和心地邪恶相去（没有）多远？人都害怕的，自己也不可不跟着害怕。太荒谬了！荒谬得简直不着边际了！

（人应该有自己的独立人格。）别人都熙熙攘攘如同出席盛宴，或春日登台凭栏赏春，自己却独处一隅，不为所动。混混沌沌，好像没有长大的婴孩；懒懒散散，仿佛没有任何归宿。别人都趾高气扬显摆阔绰，自己却离群索居，若有所失。这真是一副愚人之心啊！

（但这正是我与众不同的精神境界。）人家个个都清醒明白、聪明伶俐，自己却浑浑噩噩、不辨是非；人家个个都锱铢必较、不让分寸，自己却马马虎虎、得过且过。淡泊宁静，如海阔天空；思绪奔涌，如狂飙飓风。

别人都有这样那样的东西可以炫耀，自己却愚顽鄙陋，一无所有。

我与他们最大的不同，就是像婴儿离不开母乳，一时一刻都离不开道。

110

宠辱若惊，贵大患若身。何谓宠辱若惊？宠为下，得之若惊，失之若惊，是谓宠辱若惊。何谓贵大患若身？吾所以有大患者，为吾有身，及吾无身，吾有何患？故贵以身为天下，若可寄天下；爱以身为天下，若可托天下。（第十三章）

译文：

（有人）受宠受辱都惊慌失措，遇到稍大一点儿的灾祸，就像要丢掉性命一样可怕。真是宠辱若惊。

什么叫作"宠辱若惊"？受宠者一般都身心卑下，得到别人一点儿小小的恩惠便惊慌不安；失掉了恩惠，更惊慌不安。这就是我们所说的宠辱若惊——受宠受辱，都让他惊慌不安。

什么叫"贵大患若身"？（就是把宠辱得失、灾殃祸患，看得比自己的身家性命还重要。）我们之所以会为各种各样的"大患"担惊受怕，不为别的，就因为我们有这样一具血肉之躯。倘使没有这一具血肉形骸，还有什么祸患值得担忧？

所以，能够（忍辱负重）把天下看得和自己的身家性命一样珍贵的人，才可以把天下交他掌管；能够（不计荣辱）像爱护自己的身家性命一样爱护天下的人，才可以把天下托付给他。

111

载营魄抱一，能无离乎？专气致柔，能如婴儿乎？涤除玄鉴，能无疵乎？爱国治民，能无为乎？天门开阖，能为雌乎？明白四达，能无知乎？（第十章）

译文：

身心合一，求道修道，能否做到永不背离？专心集气，追求至柔，能否如婴儿无欲无念？排除污垢，清理心镜，能否做到一尘不染？爱国治民，施行德政，能否做到清净无为？天门开阖，气象万千，能否持静守雌，不为所动？明哲之路，四通八达，能否清心寡欲，不怕"无知"？

112

持而盈之，不如其已；揣而锐之，不可长保。金玉满堂，莫之能守；富贵而骄，自遗其咎。功遂身退，天之道也。（第九章）

译文：

一味求盈求满，不如适可而止。处处锋芒毕露，一定难以持久。金玉满堂，无人能够长久持守。身处富贵而骄横待人，乃是自埋祸患。一旦功成名就，便适时隐退，才符合天道。

113

名与身孰亲？身与货孰多？得与亡孰病？甚爱必大费，多藏必厚亡。故知足不辱，知止不殆，可以长久。（第四十四章）

译文：

声名和性命，何者对人更亲近？身家性命和珠宝财货，何者对人更重要？收获之喜和失去之痛，何者对人更有害？过分喜欢任何东西，一定会付出巨大的代价；过多囤积财物，一定会招致惨重的损失。知道满足就不会招致任何屈辱。知道适可而止就不会有危险。只有这样，才能保持长久安然。

114（同 39）

大成若缺，其用不弊。大盈若冲，其用不穷。大直若屈。大巧若拙。大辩若讷。（第四十五章）

译文：

最完美的东西好像总有一点儿欠缺，这样它的功能才不至减损；最圆满的东西看去也有虚空之处，这样它的用途才不会穷尽。再笔直的东西，看去也有弯曲的地方；再高明的本领，总会显出某些笨拙之处；再卓越的辩才，也会有结巴口讷的时候。

115

躁胜寒。静胜热。清静为天下正。（第四十五章）

译文：

火热能战胜寒冷，安静可以战胜酷热。清静无为，才能使天下步入正轨。

116

出生，入死。生之徒，十有三；死之徒，十有三；人之生，动之于死亦十有三。夫何故？以其生生之厚。（第五十章）

译文：

人生在世，就是从生到死。（纵观尘世间芸芸众生）长寿的人占了十分之三，短命的人占了十分之三，本来应该长寿却自己走上死路的也占了十分之三。为什么那些（本该长寿的）人却不会长寿？因为他们把自己奉养过度了。

117

盖闻善摄生者，路行不遇兕虎，入军不被甲兵；兕无所投其角，虎无所用其爪，兵无所容其刃。夫何故？以其无死地。（第五十章）

译文：

据说，一个善于养生的人，行路不会遇到犀牛猛虎，打仗不会受到兵甲之害。犀牛无法用角刺伤他，猛虎无法用爪抓住他，锋利的兵甲之刃也不能伤害他。这又是什么原因？因为善于养生的人，毒虫不侵，刀枪不入，周身上下没有死穴。

118（部分同 27）

人之生也柔弱，其死也坚强；草木之生也柔脆，其死也枯槁。故坚强者死之徒，柔弱者生之徒。是以兵强则灭，木强则折。强大处下，柔弱处上。（第七十六章）

译文：

人活着的时候是柔软灵动的，但是死了躯体就变得僵硬坚挺。草木活着的时候也是柔弱青脆的，一死，就变得干硬枯槁了。所以，那些外强中干的东西，其实都是属于死亡的一类；而那些外柔内刚、生命力强盛的事物，却反而会兴旺发达。

由此可知：兵力过于强盛容易（四面树敌）招致毁灭，树木过于高大就容易被风吹折（或被人砍伐）。腐朽败亡的东西，即使貌似强大，最终总会沦于下位。而新生事物，看去似乎柔弱无力，最后却常居于上位。

附注：

"兵强则灭，木强则折"原文为"兵强则不胜，木强则共"，此据《列子·黄帝篇》《淮南子·原道训》引文改。

119（同 88）

善建者不拔，善抱者不脱，子孙以祭祀不辍。修之于身，其德乃真；修之于家，其德乃余；修之于乡，其德乃长；修之于邦，其德乃丰；修之于天下，其德乃普。故以身观身，以家观家，以乡观乡，以邦观邦，以天下观天下。吾何以知天下然哉？以此。（第五十四章）

译文：

善于建立的人，所建之物不会被人拔除（因为他们不是为建而建）；善于持守的人，所持所守不会轻易被人抛弃（因为他们不是为守而守）。他们的子孙也能够继承香火，世代相传。

以道治身，就能修到真德。以道治家，真德就会丰裕。以道治乡，真德就会扩大。以道治国，真德就会丰厚充实。以道治天下，真德就会广泛普及。所以，看一个人就可以看到他身边所有的人，看一个家就可以看到他毗邻所有的家，看一个乡就可以看到他周围所有的乡，看一个国就可以看到他周边所有的国，看天下一隅，就可以看到他治下的天下全貌。

我如何能通晓天下大势？就是用这样的观想之方。

120

不出户，知天下；不窥牖，见天道。其出弥远，其知弥少。是以圣人不行而知，不见而明，不为而成。（第四十七章）

译文：

不出家门就能够通晓天下大势，不开窗户就能推知天道运行。（而不谙此理者却适得其反，他们）出门走得越远，得到的知识越少。正因为圣人深明此理，所以，他们不出行便能推知万物之理，不观看便能明了诸事之状，不动手便能取得圆满成功。

121（部分同 47）

含德之厚，比于赤子：毒虫不螫，猛兽不据，攫鸟不搏；骨弱筋柔而握固，未知牝牡之合而朘作，精之至也。终日号而不嗄，和之至也。知和曰常。知常曰明。益生曰祥。心使气曰强。物壮则老，谓之不道。不道早已。（第五十五章）

译文：

德行深厚的人如同初生的婴儿，毒虫不蛰他，猛兽不伤他，凶禽不啄他。

婴儿筋骨柔软却能牢牢握住东西，不知男女交合之事生殖器却会自然勃起，这都是因为精气充盈的缘故。婴儿整天啼哭却不会喉咙沙哑，也是因为他身上的元气充盈和谐到了极点。

明白事物相辅相成的和谐之理，就是懂得了常识。懂得了常识就明白了事理。贪生放纵就意味着灾祸。让欲念支配理性就叫使气逞强。

事物发展到最强盛的时候就会走向衰落。衰落，就意味着不能再得到道的养护。而得不到道的养护，很快就会走向灭亡。

122（部分同 62）

知者不言，言者不知。（第五十六章）

译文：

明于道者不立言，好立言者不明道。

123

吾言甚易知，甚易行。天下莫能知，莫能行。言有宗，事有君。夫唯无知，是以不我知。知我者希，则我者贵。是以圣人被褐而怀玉。（第七十章）

译文：

我说的话很好理解，也很容易实践。但天下人却不肯理解，不肯照办。我说话有根有据，主旨明确。办事，也循道而行，通情达理。只因为有人对道一无所知，所以才对我毫不理解。唉！理解我的人太少了，效法我的人更难得。他们不知道，圣人怀揣宝玉而身披布衣（就是不愿显现其能，期望多遇见一些真心向道之人啊）。

124（同 20）

道者，万物之奥，善人之宝，不善人之所保。美言可以市尊，美行可以加人。人之不善，何弃之有？故立天子，置三公，虽有拱璧以先驷马，不如坐进此道。古之贵此道者何？不曰：求以得，有罪以免邪？故为天下贵。（第六十二章）

译文：

道是万物的庇护之所，行善之人珍惜它，不行善的人也想拥有它。美好的言辞可以换来尊重，良好的行为可以提升人的价值。即使那些不善之人，又何尝有被道抛弃之说？所以，人们才拥立天子，设置三公

（其目的就是保持珍贵的道），即使行使拱璧在先、驷马在后的隆重俗礼，也不如恭恭敬敬献上道（循道行事）更重要。

古人把道看得如此珍贵，是何缘故？难道不就是因为只要诚心求道，一切愿望都能得到满足，纵然有了罪错，也可以得到原谅豁免么？正因为如此，它才成为天下最珍贵的东西。

125（同74）

江海所以能为百谷王者，以其善下之，故能为百谷王。是以圣人欲上民，必以言下之；欲先民，必以身后之。是以圣人处上而民不重，处前而民不害。是以天下乐推而不厌。以其不争，故天下莫能与之争。（第六十六章）

译文：

江海之所以能够成为百谷之王，是因为它善于处在低下的位置，容纳百川，包罗万象，所以才能成百谷之王。圣人具有江海那样的襟怀和品格，他们深知：要想受到人民的尊崇，一定要注意言辞谦下；想要走在众人之前，一定要首先置身人后。正因为如此，他们才能高居上位而不使大家感到负担沉重，率先前行而不使大家觉得有什么坏处。也因为如此，天下之人才乐于推戴他而不觉得厌烦。由于他凡事不与人争，所以天下也没有人能够和他争锋。

126（同85）

和大怨，必有余怨；报怨以德，安可以为善？是以圣人执左契而不责于人。有德司契，无德司彻。天道无亲，常与善人。（第七十九章）

译文：

调解深重的怨恨必然留下报不完的余怨，以德报怨，又如何能达到为善的目的？所以，圣人（都像明智的债主）只保存借据的存根，但不要求对方还债。有德之人也是只执借据而不讨债。无德之人才像税官那样锱铢必较，分毫不让。天道虽没有任何偏爱，却总是伴随、亲近为善之人。

附注：

《论语·宪问》中孔子曰："以德报怨。何以报德？以直报怨，以德报德。"可参。

127

知不知，上矣；不知知，病也。圣人不病，以其病病。夫唯病病，是以不病。（第七十一章）

译文：

知道自己有所不知的人，智慧上等。不明事理却以为自己无所不知的人，有病。唯有把病当病看，才能不得病。圣人之所以不得病，是因为他们把病当病看。正因为把病当病看，所以才不得病。

128（部分同 23）

勇于敢则杀，勇于不敢则活。此两者，或利或害，天之所恶，孰知其故？天之道，不争而善胜，不言而善应，不召而自来。繟然而善谋。天网恢恢，疏而不失。（第七十三章）

译文：

勇敢而逞强斗胜的人就会身遭横死，勇敢但不逞强斗胜的人能死里逃生。何者有利，何者有害（都由天道的喜恶所决定）。谁知道天之所恶是什么缘故？纵是圣人，也难以捉摸。

天道，不争不夺却善于不战而胜，不言不语却处处获得回应，不召不唤却能使人自动归附，不动声色却善于谋划方略。天网宽广无边，虽然稀疏，却不会漏失一物。

129

信言不美，美言不信。善者不辩，辩者不善。知者不博，博者不知。（第八十一章）

译文：

诚实的话不见得动听，动听的话不见得可信。心地善良的人不见得能言善辩，能言善辩的人不见得心地善良。对人对事有深刻见解的人不一定学识广博，学识广博的人不见得对人对事有深刻见解。

130

圣人不积，既以为人己愈有，既以与人己愈多。天之道，利而不害；圣人之道，为而不争。（第八十一章）

译文：

圣人从不为自己积攒收藏任何东西——他尽力帮助别人，自己反而更加富有；他给予别人越多，自己获得的也就越多。天道，对万物有利而无害。圣人之道，有施有为而不与人相争。

131（同 89）

希言自然。故飘风不终朝，骤雨不终日。孰为此者？天地。天地尚不能久，而况于人乎？（第二十三章）

译文：

少开口说话，少发号施令，清静无为，才符合自然之道。

众所周知，狂风持续不到一个早晨，骤雨连降不了一个整天。是谁掀起了狂风骤雨？是天地。天地之力那样强大，尚且不能让狂风暴雨持续长久，何况我们人呢！

132（同 90）

故从事于道者，同于道；德者，同于德；失者，同于失。同于道者，道亦乐得之；同于德者，德亦乐得之；同于失者，失亦乐得之。信不足焉，有不信焉。（第二十三章）

译文：

（由此可知，循道办事比什么都重要。）求道者能够与道同一，求德者能够与德同一。而无道无德者，则失道失德，与"失"同一。

反过来说，与道同一者，道也乐于接纳他；与德同一者，德亦乐于接纳他；而与失同一者，失也同样乐于接纳他。

治政者（不讲道义）诚信不足，人就不相信他。

133（同72）

为无为，事无事，味无味。大小多少。图难于其易，为大于其细。天下难事，必作于易；天下大事，必作于细。是以圣人终不为大，故能成其大。轻诺必寡信，多易必多难。是以圣人犹难之，故终无难矣。（第六十三章）

译文：

行无为之政，做无事之事，品无味之味。积小成大，聚少为多。要想办妥一件难事，首先要找到它容易着手之处；要想成就一件大事，同样须从细微之处起始。办成天下难事，一定先从易事做起；成就天下大事，一定要从小事做起。所以，圣人从不贪多贪大，因而才能办成大事。

轻易许诺，一定很难保证信用。凡事看得太容易，就一定会遇到许多难题。圣人办任何事，都充分估量到它的难度，于是对他们来说，就永远没有办不到的难事了。

134（同79）

善为士者不武。善战者不怒。善胜敌者不与。善用人者为之下。是谓不争之德。是谓用人之力。是谓配天古之极。（第六十八章）

译文：

善为将帅者不耀武扬威。善于作战者不以怒出战。善于克敌制胜者不同对手纠缠争斗。善于用人者乐于甘居人下。这就叫作"不争之德"。这就叫作"借力使力"。这就叫作自古以来就存在的天道默契相合。

提示：读懂这五十九个字至关重要

从目前所能见到的《道德经》的各种主要文本看，除郭楚墓竹简之外，都有列在通行本第一章的这五十九个字：

道可道非常道名可名非常名无名天地之始有名

万物之母故常无欲以观其妙常有欲以观其徼此

两者同出而异名同谓之玄玄之又玄众妙之门

这五十九个字在《道德经》全文中提纲挈领，至关重要。它们是《道德经》五千字的骨架和灵魂，是全篇的路标图。《道德经》全篇就是以此为始发站次第展开的。弄不清这张路标图，就很难掌握《道德经》全文的脉络走向，容易误入歧途，一错百错，更遑论入宫登殿，一窥堂奥。下面先对这五十九个字略作解析。

五十九字可以划分为九句话，即：

（1）道可道非常道。

（2）名可名非常名。

（3）无名天地之始。

（4）有名万物之母。

（5）故常无欲以观其妙。

（6）常有欲以观其徼。

（7）此两者同出而异名。

（8）同谓之玄。

（9）玄之又玄，众妙之门。

对这九句话细加分析，可以看出其中包含五层意思：第一，推出"道、名、无、有、妙、徼、玄、门"等一系列重要哲学概念；第二，指明"道"和"名"这两个概念含义的不确定性与不可描述的特征（"道不可道"，"名不可名"）；第三，对"无"和"有"两个哲学概念的含义做出明确界定（"天地之始"和"万物之母"）；第四，指出"无"和"有"二者之间的区别和联系（"常无，欲以观其妙"，"常有，欲以观其徼"，互相联系又有所区别的两种状态）；第五，进一步点明"无"和"有"从本质上讲是一回事，只是因为状态不同（无形质和有形质），人给它们的名称不同而已（"同出而异名"）。

结论："无"和"有"虽然千变万化，但万变不离其宗，这个"宗"，就是"玄"，就是"众妙之门"，即"道"。也就是说，"无"和

"有"其实是"道"的两种形态，从根本上说，是一回事。

依据以上分析，这五十九个字的断句和主词词性应当是：

道名词，可**道**动词，非常**道**名词；

名名词，可**名**动词，非常**名**名词。

无名词，**名**动词天地之始；**有**名词，**名**动词万物之母。

故常**无**动词，欲以**观**动词其**妙**名词；

常**有**动词，欲以**观**动词其**徼**名词。

此两者，**同**副词**出**名词而异**名**名词。

同名词谓之**玄**名词。

玄名词或形容词之又**玄**名词或形容词，众妙之门。

第一、二两句都容易理解和解释。通常的分歧，在第三、四句和第五、六句。

第三、四句被王弼断为"无名，天地之始；有名，万物之母"，一千多年来被广泛沿用，我们认为是错误的。因为，"无"和"有"是两个哲学概念，"无名"和"有名"是"万物"所处的两种不同状态；"无""有"是名词，两个"名"字则是动词，词义是"显示""描绘""叙述"。如果断为"无名"和"有名"，则"无"和"有"变为动词，两个"名"字变为名词，直译出来，就是"没有名字"和"拥有名字"。那就是两个动宾词组，而不是哲学概念了。《道德经》多处出现"无""有"二字，如"有生于无"（第四十章），"当其无""当其有"（第十一章），即为明证。事实上，王弼自己在《老子注》《老子指略》和他所创立的玄学理论中，也都是以"无"和"有"而不是以"无名""有名"为哲学概念的。有人以"道常无名"（三十二章）、"道隐无名"（四十一章）为例，企图证明"无名"也是道的"别名"，这是很难令人信服的。因为他们错把"处于无名状态时"和"处在有名状态时"这样两个状语从句，当名词"无"和"有"使用了。而且，"无名"即"道"，"常"字与"隐"字便无从解释，从语法逻辑上也说不通。

第五、六句断句常见的错误是"常有欲"和"常无欲"。长期以来，人们只知道始作俑者是王弼的《老子解》。但马王堆帛书出土之后，才发现在汉代就有人如此断句了，而且在"常无欲"和"常有欲"后添加了一个"也"字。有人以此肯定王式断句的合理性，但若问一句"无欲""有欲"的主体是谁？是人，还是道？恐怕他们就无法自圆其说了。因为，如果是人，就和老子所说的"道"没有任何关系（老子在此只论道不论人）。而如果是"道"，更和《道德经》中所描述的道的种种特性，如无形、无体、无色、无味、无私、无欲、无亲、无疏、不仁、弗有、弗恃、弗居、致虚极、守静笃、以万物为刍狗等格格不入。

我们认为，这不仅是语法上的断句错误，更是对哲学概念的理解和诠释错误。说道"无欲"或"有欲"，是完全不可思议的；说人"无欲"或"有欲"，也无法"观"到道的变化。只有把这两句作为拟人句看，将句中主体确定为道，"有""无"确定为状态动词，才可理解两个"观"字的意义。即是说，它们都不是受动词"被观看"，而是主动词"彰显""显示"或"让你观看"之意。否则根本解释不通。

三、提要勾玄，掌握《道德经》的精神实质

掌握《道德经》精神实质的关键是弄懂弄通《道论》、《德论》和《人论》三者之间的统属关系。

我们认为，《道论》即自然辩证法：体现老子的宇宙观，包括唯物论和辩证法两部分，是一个相对完整的自然科学理论体系。在《道德经》中体现为宇宙本体论，或宇宙衍生论（现在被学者们统称为宇宙本体论或宇宙生成论）。在《道论》中，老子通过对宇宙万物的滋生、发展、变化的观察和思索，总结出一整套宇宙万物孕育、生成、发展、变化的基本规律和主要特点。依照老子的说法，就是"天下万物生于有，而有又生于无"，"道生一，一生二，二生三，三生万物"；变化的根源是"反者道之动"（因矛盾对立而发生周期性变化）；变化的特点是"弱者道之用"（在柔弱虚无不易觉察的状态中发挥作用）；变化的规律是"人法地，地法天，天法道，道法自然"，一切变化都归于道。

　　这个理论统率《道德经》全篇，是老子对人类赖以生存的客观世界的整体认识，也是他写《道德经》的指导思想和理论基础。

　　《德论》即政治论，体现老子的政治观，表明他对一系列社会重大问题如国家治理、社会矛盾、阶级矛盾的产生、应对和危机处理等观点和主张。作者成功地把自然法则实施到人类社会运作程序中。其内容涉及政治、经济、军事、文化等方方面面，而核心是对上层统治阶级讲治国安民之道，要点是：通晓天下大势，顺应历史潮流，讲求治国方略，懂得识人用人，应对突发事件，化解矛盾冲突，等等。基于对当时周室衰弱、诸侯林立、天下大乱、兼并成风、百姓生活荡不安、社会矛盾和阶级矛盾日趋尖锐对立的严峻现实的观察与分析，老子一针见血地指出："民之饥，以其上食税之多，是以饥。民之难治，以其上之有为，是以难治。民之轻死，以其上求生之厚，是以轻死。"他警告统治阶级上层："民不畏威则大威至"，"民不畏死，奈何以死惧之！"面对日益激化的阶级矛盾和阶级对立，他没有指责底层大众，而把矛头直指向上层统治阶级。他认为统治阶级必须顺天应人、清静无为，不要贪欲过甚，方能"长生久视"。

　　可以看出，老子不仅是一位思想深刻、见识超群的思想家、理论家，也是一位热心关注天下大势和民生民瘼的头脑清醒的政治家。他对当时社会阶级对立的形成和阶级矛盾的产生、发展及激化的分析，都远在当时当政者和知识分子之上。他对处于社会下层的民众的深切同情，也是显而易见的。

　　《人论》即人生观，是进一步从社会到个人、从群体向个体单元的聚焦，体现老子对自然、对社会、对人生三者关系的总体认知和思考。其内容大体涉及人和自然的关系、人和社会的关系、人和他人的关系（人际关系）以及作为个体的人如何提高自身素质，以求与整个社会和谐相处，并得到最大幸福感的诸多处世"秘笈"。

　　在老子眼中，人和自然、人和社会以及人和他人之间的关系，是密切联系不可分割的。用老子自己的话说，就是"人法地，地法天，天法道，道法自然"，处理这三者之间关系的最高原则是"归一"——向道。

所以，在人和自然的关系方面，老子首先指出人是"域中四大"的组成部分，人的一切活动都要受宇宙运行总规律的支配和制约。在人和社会的关系方面，老子认为作为社会构成成分的人，有"在上"和"在下"的社会地位的区别，因而有不同的职分和追求。"在上"者的职责是治理好家、乡、国和天下，最好是无为而治，不要无端生事、诱发和激化矛盾；"在下"者的目标是"甘其食，美其服，安其居，乐其俗"，安居乐业，享受生活。在处理人际关系方面，他主张明确主客、利害、荣辱、得失、强弱、美丑、善恶、恩怨、知人、自知等关系，和所有人和谐相处；在提高自身素质方面，他又提出顺应天道、树立正确人生观、清心寡欲、守雌守静、追求"信""善""慈""公""道"等高尚目标、提高适应自然和社会的能力等要求。

由此同样可以窥见老子与众不同的人生观，那就是：人活天地间，不光要明白"我是谁？我从哪里来？我要到哪里去？"，更重要的是要明白自己的社会地位和责任，完成认识客观世界、改造（不是改变）客观世界、改造主观世界和客观世界的关系（提高自己适应和改造客观世界的认知能力）这几项历史任务。这样的人生，才是真正有意义的人生。度过如此有意义的人生，才能"深根固柢，长生久视"，达到"死而不亡"的崇高境界。

这是老子高于西方宗教生死哲学的地方，同佛教所倡导的"觑破红尘，四大皆空"的人生观也有根本区别。

道论、德论、人伦这三部分互相独立又彼此联系，构成了一个以道为核心，以自然（宇宙）、社会和人为框架的完整严密的《道德经》理论体系。无论《道论》《德论》还是《人论》，三部分中的每一部分又都自成一体，各有不同的主旨和核心。它们被老子用一个道字贯穿起来，再用方法论加以编织，于是就形成了我们面前这一部文字至简而内涵极富的《道德经》。

通读全文，我们可以清楚地看到，无论谈道、谈德，还是谈世，老子都密切联系到人的主观意识和言行，非常注意人的主观意识和客观存在的一致性。凡是讲"道"、讲"德"的地方，几乎都涉及人。而凡是讲人的地方，又处处不离"道"和"德"。这是《道德经》最鲜明的结构特色和逻辑关系。

例如："道可道非常道，名可名非常名"（人与道的关系），"迎之不见其首，随之不见其后"（人对道的认识），"执古之道，以御今之有"（人对道的运行规律的掌握和运用）；"孔德之容，唯道是从"（治政与道），"行于大道，惟施是畏"（循道施政），"执大象，天下往"（抓纲治国），"治大国若烹小鲜"（治理方法），"无为而无不为"（无为而治）；"上善如水"（为人表率），"守弱""守雌"，"知足""知止"，"知人""自知"，"胜人""自胜"（自强、自知，善处社会和人际关系），等等。

仔细审视，还可以看到，在《道德经》中，"道"多用于自然领域，"德"多用于社会领域。"道"是研究自然现象、自然规律，研究宇宙万物滋生、发展、消亡的总规律的。"德"是研究社会现象和社会发展的轨迹、现状和未来趋向的。研究"道"和"德"必然涉及人，因为人既是自然领域的一大组成部分，又是构成社会领域的基本单位。"道"囊括万物，"德"涵盖人类。"道"在人类社会的体现便是"德"。"德"是"道"贯彻于人文社会的载体或延伸。

由"道"到"德"，是由自然领域、自然秩序向社会领域、社会秩序的转变与过渡。由道论到德论，不仅是研究对象由自然科学向社会科学的切换，也是自然科学在社会科学中的具体体现和运用。人论，则是由自然科学和社会科学研究向人类群体和个体研究的深入和渗透。说到底，老子写《道德经》的初衷，还是为人服务的。

也就是说，在《道德经》中，老子通过对"道""德""人"及三者之间关系的研究和论述，建立了由自然哲学、社会科学和人生哲学构成的一整套理论体系，为我们勾勒出一个包括天地宇宙、社会群体和人类个体在内的客观世界。道论、德论和人论，就是这个理论体系的三个基本组成部分。道、德、人三者都有其最高境界。道的最高境界是"自然"（"道法自然"），德的最高境界是"无为"（"为无为则无不为"），人生的最高境界是"无身（无我）"（"及吾无身，吾有何患"）。

道统驭宇宙万物，所以又被老子称为"天道"。德涵盖人类社会和个体，被后世学者们统称为"人道"。所以，老子的整个哲学理论，又可以分为"天道"和"人道"两大部分。

这就是整篇《道德经》理论体系的大体梗概、脉络走向和基本内容。

这个理论体系告诉我们，我们所处的这个世界浑然一体，万物都在"道"的支配下"自然"运行，周而复始，永不止息（当然也含有各种变异和进化）。社会和人，都是这个世界的组成部分。社会的存在和人类的活动，都要受到"道"的支配和制约。道论是这个理论体系的核心。

这个理论体系也告诉我们，德是道在人类社会和人类个体的衍生物，是道在人类社会和人类个体发挥作用的实际体现。"孔德之容，唯道是从"，即清楚表明道和德之间的从属关系：德是受道的支配和制约的。也就是说，人类社会，包括人类群体和个体，无论是统治者还是被统治者，无论是管理者还是被管理者，一切活动都要受道的支配和制约。违背道的支配和制约就是"不道"，离道、叛道，就会失去道的养护，从而逐渐走向灭亡。

这个理论体系还告诉我们，无论是人的社会活动（包括各种群体活动如政治、经济、军事、文化等），还是个体活动（包括人际交往及个人的学习、修养、素质提高等），都要在道的支配和制约下进行。群体活动有阶级、阶层、地位和角色之分，需要上下左右的配合，体现权利和权力。"设天子，置三公"，建立一整套国家机器，都是为了"坐进此道"，即统驭整个社会循道而行。否则，就会受到客观规律的惩罚。个体活动包括处理各种社会关系和人际关系的规范、方式和技巧，体现个人的素质和能力，同样需要"天人合一"，循道而为，按照自然、社会的客观规律办事，方能"天遂人愿，心想事成"。

通过对这个理论体系的分析，我们更可以清楚地看到，老子看待任何问题，都以天下大势、古往今来以及未来的趋势走向为着眼点，事事、时时、处处注意理论联系实际。"人法地，地法天，天法道，道法自然"，是对这个理论体系的高度概括。这实际上是一个方法论的问题。这个方法论贯穿《道德经》全篇，已经不是宋代学者邵若愚所说的"道德混说"问题了。它表明，老子不光是一个具有深邃历史眼光的、经天纬地的伟大理论家，而且是一个非常重视社会现实、注重求实的伟大实践家。

以此为契机审视《道德经》整体内容的复杂结构，或许是一道掀开笼罩在《道德经》上面的神秘帷幕的线索。

彻悟生死是老子人生哲学中的一个重大命题。

老子认为：人的一生就是"出生入死"，"生之徒，十有三；死之徒，十有三；人之生，动之于死地，亦十有三"；"贵以身于为天下，则可以托天下；爱以身于为天下，则可以寄天下"。

对此，庄子的解释是："死生，命也，其有夜旦之常，天也"（《大宗师》）；"生也，死之徒；死也，生之始"（《知北游》），"生之来不能却，去不能止"（《达生》）；所以他主张"安时而处顺，哀乐不能入"（《养生主》），"游心于淡，合气于漠，顺物自然而无容私焉"（《应帝王》）。[12]

庄子对于生死的解释，基本上符合老子的"本义"。但忽略了老子所说的"为天下""托天下"和"寄天下"，即以天下兴亡为己任。老子积极"入世"的思想还是十分明确的。这是他和庄子的政治观点和人生哲学的最大区别。

老子的人生观一直受到历代老学研究者的高度关注，也是当下诸多心得体会之作的撰著者们不懈追索的热门题材。但多数人都忽略了老子对人和自然、人和社会的关系的论述，而专注于对人际关系和个人修为的研究和发挥，把老子的人生哲学曲解为遁世隐居的"出世哲学"。

宋儒朱熹甚至辩称"老子所谓无为，便是全不事事"，"老子窥见天下之事，却讨便宜置身于安闲之地"，"似老子，只是自要寻个宽闲快活处，人皆害他不得"，"老子……只是欲得退步占奸，不要与事物接"。[13] 比较典型地体现了对老子生死观认知的浅薄。

现在充斥市场的大量类似"人生智慧""生命密码""处世指南""金句""秘笈"的《道德经》研究"专著"，尽管在某些特殊学科、特殊领域或特殊群体的具体命题方面有这样那样的独到之处，但更多的是对《道德经》浅尝辄止，既不了解《道德经》的核心和实质，也不理解老子深邃思想的平庸之作。这是市场观念侵袭学术研究领域的结果，当然更无从谈起对老子生死观的"彻悟"。

著名国民素质和国学研究专家解思忠的《彻悟生死》一书，为我们提供了一个可资借镜的答案。

他把庄子的观点归结为"生时安生，死时安死"，认为是对道家生死观的最好诠释。他从人生的本来意义出发，综合人的主观感受和客观存在，以及社会责任和社会价值，把人生从高到低，依次划分为"圆满人生""缺憾人生""平庸人生""不幸人生"和"堕落人生"五个等级，对各个等级的人生形成过程、发展趋向、最终结局和自新目标，都做了细致入微的分析，明确提出"行乐"（做使自己快乐的事）、"自爱"（珍惜自己的生命与声誉）、"知足"（经过一番努力对已经获得的一切给予肯定，对无法改变的现状欣然接受）三大智慧。[14]

这些观点，颇能启发我们更深刻地领会老子的人生哲学。

注释：

1. ［北宋］王安石：《老子注》，见王水照主编《王安石全集》第四册，复旦大学出版社 2017 年版。

2. ［元］吴澄：《道德真经吴澄注》，黄曙辉点校，华东师范大学出版社 2010 年版。

3. 朱谦之：《老子校释》，中华书局 1984 年版。

4. ［春秋］辛钘：《文子》（《通玄真经》），商务印书馆 1936 年版。

5. 郭庆藩：《庄子集释》，中华书局 2012 年版。

6. ［战国］韩非：《韩非子》，蔡晓峰译注，中国工人出版社 2016 年版。

7. ［秦］吕不韦：《吕氏春秋》，［东汉］高诱注，［清］毕沅校，徐小蛮标点，上海古籍出版社 2019 年版。

8. 崔瑞萍：《吕氏春秋·序意》，载《秦汉序体文学研究》，中国社会科学出版社 2014 年版。

9. ［西汉］刘安:《淮南子》,光明日报出版社 2014 年版。

10. ［西汉］司马谈:《论六家要旨》,见［西汉］司马迁《史记·太史公自序》,中华书局 2009 年版。

11. 王力:《老子研究》,天津市古籍书店 1989 年版。

12. 郭庆藩:《庄子集释》,中华书局 2012 年版。

13. ［南宋］黎靖德编:《朱子语类》卷一百二十五,中华书局 1986年版。

14. 解思忠:《彻悟生死·佛道两家生死观》,上海三联书店 2016年版。

第三章 《道德经》的历史地位

一、老子的学术观点和政治立场

对老子及其所著《道德经》的评价常常涉及老子的学术观点和政治立场，我们下面就从这两个维度给出自己的观点。

第一，充分肯定老子《道德经》的学术价值和它在中国哲学史、文化史上的重要地位，不能贬低更不应抹杀老子对中国和世界文化做出的巨大贡献。

对老子《道德经》的学术价值和它在中国哲学史、文化史上的重要地位的肯定，包括如下三点：（1）充分肯定《道德经》中所阐述的宇宙本体论是彻底的唯物论，老子所阐述的辩证法开人类认识论之先河；（2）充分肯定老子哲学是中国古代哲学的核心和主干，老学是中国传统文化的根柢和脊梁；（3）充分肯定《道德经》是中国传统文化中不可多得的传世瑰宝，是世界文化中最具普世价值的一部分。

老子《道德经》思想博大精深，包罗万象，但其主线则是以"道"为核心、以"天道"和"人道"为两翼的系统道论。道论的基本内容是唯物论和辩证法。它的唯物论是彻底的唯物论，因为它已经抓住了世界是由物质构成这一本质；它的辩证法开后世认识论之先河，因为在它问世之前，还没有任何人的任何著作，对辩证法做过如此系统、如此全面、如此深刻的分析和总结。

老子的道论在中外哲学史上建立了第一个完整的宇宙本体论体系。他从研究自然、宇宙构造形成的本质入手，延伸到生命的奥秘、人类的形成、社会的变迁、历史的进化以及生命个体的生灭规律，十分冷静又十分深刻地揭示了宇宙、天地、社会、人生的规律，实际上已经接触到人类哲学的两大基本问题，即思维和存在何者为本源，以及思维和存在同一性的问题，并且给出了自己独有的答案。老子率先提出"天道决定人道，人道服从天道"的哲学思想（最著名的就是"人法地，地法天，天法道，道法自然"的精辟论断），并将其系统化、理论化、格式化，为其后学者们发展总结出的"天人合一"的理论奠定了基础。

《道德经》既是对前人探索人与自然关系的种种思想成果的概括和总结，又在总结前人思想成果的基础上有了突出的发挥和创造，无异于一部包罗万象的百科全书。

纵观两千多年的中国传统文化发展史，也可看出老子及其所著《道德经》在其中的重要地位。

在先秦诸子百家中，老子第一个提出形而上世界本原的哲学思想，第一次阐明哲学本体论中本原论和存在论二者之间的关系。《道德经》是先秦诸子百家中第一部纯粹的哲学著作，是古代哲学中第一个相对完整的哲学体系。而当时诸子百家中的其他各家，无论是法家、墨家、兵家、农家还是阴阳家、纵横家，他们的学说，基本上都是为统治阶级的"君主"服务的具体政教理论。他们所尊崇的所谓君道、臣道、兵道、法道、仁道、义道、礼道、忠道、信道、策略、机谋等，都是就事论事的具体之道、专业之道，虽有一定的哲学思想，但均缺乏理论高度，没有形成系统的哲学体系。这就决定了他们不可能攀及老子所达到的哲学境界，而只能依据伏羲黄老之道构建自己的各种学说。《道德经》为他们开辟了认识世界本原、揭示宇宙奥秘的崭新道路，使诸子百家都得到启发和提升，逐步丰富完善了各自的理论。有学者认为，老子学说是诸子百家的源头活水，老子与百家文化的关系，就像作为"躯干"的哲学与作为"树枝"的具体科学的关系一样，是整体与部分、一般与特殊的关系，"老子哲学是对百家具体文化的概括和总结，并为百家文化的发展提供世界观和方法论的指导"[1]。这种见解，是有一定道理的。

　　儒家初始也没有完整的哲学体系，他们的理论仅局限于具体的伦理说教，如仁、义、礼、智、信之类。这些严格说来不属于哲学，只能算作政教文化。作为儒家六经之首的《易传》，虽是孔子带领弟子对古籍《易经》的注释与阐发，且有"一阴一阳之谓道""形而上者谓之道，形而下者谓之器"之类断续论述，孟子、荀子的思想中也吸收了《道德经》中许多有益的成分²，但并没有将"天道"与"人道"统一起来，更没有建立起较为完整的哲学理论体系。西汉董仲舒继承道家的"天道""人道"论，企图建立起一套以儒家政教文化为框架的儒教本体论，却将道家的"天人合一"另解为"天人感应"，并由此得出"君权神授""替天行道""三纲五常""贵阳而贱阴"等一系列理论³。直到宋明时期，由程颐、程颢、朱熹、王阳明诸人建立起一套精致、完备的理学理论，才算是完成了儒家自己的本体论体系——宋明理学⁴。

　　老子哲学在中国哲学中居于根柢和主干的地位，早有名家得出这番结论。两千多年前，西汉著名历史学家司马谈就曾给老子及《道德经》以高度评价。他认为："道家使人精神专一，动合无形，赡足万物。其为术也，因阴阳之大顺，采儒墨之善，撮名法之要，与时迁移，应物变化，立俗施事，无所不宜，指约而易操，事少而功多。道家无为，又曰无不为，其实易行，其辞难知。其术以虚无为本，以因循为用。无成势，无常形，故能究万物之情。不为物先，不为物后，故能为万物主。"⁵东汉历史学家班固称《道德经》为"君人南面之术"。他说："道家者流，盖出于史官，历记成败存亡祸福古今之道，然后知秉要执本，清虚以自守，卑弱以自持，此君人南面之术也。合于尧之克攘，易之嗛嗛，一谦而四益，此其所长也。及放者为之，则欲绝去礼学，兼弃仁义，曰独任清虚可以为治。"⁶其后从魏晋南北朝到唐宋元明清，历代朝野学者包括部分帝王将相及儒佛学者在内，都视《道德经》为金科玉律，将它与《易经》《黄帝四经》《太一生水》等古老哲学相提并论，并认为《道德经》乃集中国古代哲学之大成。他们中许多人不惜倾注毕生心血研读《道德经》，以训诂、作注、译解等多种方式挖掘《道德经》的精神实质，从而形成一支规模宏大的道学大军，使得老子的哲学思想在中国传统文化中雄踞主位。

近现代以来，大批学者基于自己的研究体会，对老子及《道德经》在中国哲学史上的重要地位予以高度评价，先后提出"古今学术分合之大关键"（江瑔）、"根柢说"（鲁迅）、"鼻祖说"（胡适）、"垄断论"（郭沫若）、"唯道论"（许地山）、"开始论"（张岱年）、"根基论"（孙以楷）、"全书论"（萧焜焘）、"主题论"（宫哲兵）、"绝学说"（熊春锦）、"主干说"（陈鼓应），等等。

台湾大学教授、当代著名道学研究专家陈鼓应，近年来极力倡导道家哲学"主干说"和"内核说"。他认为："老子的道论不仅建立了中国哲学史上第一个相当完整的本体论与宇宙论的系统，而且，其道论成为中国哲学内在联系的一条主线——这是道家之所以成为中国哲学主干地位的关键因素。"在战国中后期百家争鸣的各学派中，道家学派——包括以列、庄为代表的南方道家（或称楚道家），以及宋、尹、田、慎为代表的北方道家（或称齐道家、稷下道家），"一直居于主导的地位"。他还说："道统意识是中华文化的思想内核"，"中国哲学史实际上是一系列以道家思想为主干，道、儒、墨、法诸家互补发展的历史"。[7]

随着《道德经》在世界范围内影响的扩大，西方多位学界名宿也从世界哲学发展史的角度，肯定老子在世界哲学史、思想史、文化史上的崇高地位，给予老子及《道德经》以高度评价。

如德国哲学大师黑格尔（1770—1831）在肯定《道德经》是"人类哲学的源头"的同时，还指出："老子是东方古代世界的精神代表者，老子为代表的中国哲学已从感性的感觉走到概念理解的阶段，已说到了某种普遍的东西。"[8]

英国著名历史学家阿诺德·汤因比（1889—1975）高度评价中国的道家哲学即老子哲学在世界文化史上的崇高地位和作用："在人类生存的任何地方，道家都是最早的一种哲学，它推断人类在获得文明的同时，已经打乱了自己与'终极实在'精神的和谐相处，从而损害了自己在宇宙中的地位。人类应该按照'终极实在'的精神生活、行为和存在。"[9]

在今天，肯定《道德经》不仅是中国传统文化的源头活水，也为世界文化注入了新鲜血液；肯定老子不仅站在中国，也站在世界哲学和世界文化的最前列，为中国和世界文明的发展做出了不可磨灭的贡献；肯定《道德经》不仅是中国传统文化中不可多得的传世瑰宝，也是世界文化中最具普世价值的精华部分——这些已成为学界共识，并且鲜有质疑者了。

第二，对老子的政治立场要做历史的、具体的分析，不能一味在老子的出身和阶级属性问题上大做文章。

老子的思想观点和政治立场，尤其是他的"小国寡民"和"愚民"主张，从 20 世纪初新文化运动兴起以来，饱受学界、思想界诟病。前者被批评为"开历史倒车，拉历史后退"，后者被批评为"推行愚民政策"，使老百姓永远处于愚昧无知的地位。

老子是否要拉历史倒退，主张推行"愚民政策"让老百姓沦落为无知无识的"愚民"？我们且对他的两项主张做一番分析。

在《道德经》中，老子的"小国寡民"主张集中表现在如下一段：

小国寡民。使有什伯之器而不用；使民重死而不远徙；虽有舟舆，无所乘之；虽有甲兵，无所陈之。使人复结绳而用之。至治之极：甘美食，美其服，安其居，乐其俗。邻国相望，鸡犬之声相闻，民至老死不相往来。（通行本第八十章）

老子的"愚民政策"集中表现在下面几段：

不尚贤，使民不争。不贵难得之货，使民不为盗。不见可欲，使民心不乱。是以圣人之治也，虚其心，实其腹，弱其志，强其骨，常使民无知无欲。使夫智者不敢为也。为无为，则无不治。（通行本第三章）

绝圣弃智，民利百倍；绝仁弃义，民复孝慈；绝巧弃利，盗贼无有。此三者以为文不足，故令有所属。见素抱朴，少私寡欲，绝学无忧。（通行本第十九章）

古之善为道者，非以明民，将以愚之。民之难治，以其智多。故以智治国，国之贼；不以智治国，国之福。知此两者，亦稽式。常知稽

式，是谓玄德。玄德深矣，远矣，与物反矣，然后乃至大顺。（通行本第六十五章）

从"小国寡民"一段看，老子的"治国"方略包括三大方面：一是"使有什伯之器而不用；使民重死而不远徙；虽有舟舆，无所乘之；虽有甲兵，无所陈之"，牢固"安、平、泰"的生存观念，最好能回复到"结绳而用之"的原始、淳朴状态；二是实行"至治"，"甘美食，美其服，安其居，乐其俗"，让老百姓处于温饱、安定、幸福的生存状态；三是"邻国相望，鸡犬之声相闻，民至老死不相往来"，让老百姓拥有和平、安宁、自给自足、独立稳定的生存环境。

"愚民政策"属于意识形态，也是为树立"安、平、泰"的生存观念服务的。"不尚贤，使民不争；不贵难得之货，使民不为盗；不见可欲，使民心不乱"，是要"在上"的统治者首先为"在下"的老百姓做出好的榜样；"以智治国，国之贼；不以智治国，国之福"，是提醒"在上者"不要玩弄各种花样，给"在下者"提供坏的参照，因为这直接影响到国之祸福；实施"圣人之治"，"虚其心，实其腹，弱其志，强其骨"，仍然是充分照顾到"在下者"的福祉，保证他们生活温饱，身心强健。然后，才落实到"非以明民，将以愚之"，"常使民无知无欲"，"使夫智者不敢为"，最终达到天下"大顺"。

为达此目的，要求统治者"绝圣弃智""绝仁弃义""绝巧弃利"，同上面所提"不尚贤""不贵难得之货""不见可欲"的宗旨是一致的，只不过更具体了一点而已。但仅仅做到这三条还不够，还应"令有所属：见素抱朴，少私寡欲，绝学无忧"。就是说，要从根本上树立清廉、节俭、淳朴、真诚的理念，克服谋私之心，消除贪欲之念，弃绝无益的世俗之学，全心全意地尽到自己的治政责任。"令有所属"这三条不仅要想到做到，还应将其公之于众目睽睽之下，让所有人都能看到，从而起到监督的作用（类似于现在所提倡的"政治透明"），取得"民利百倍""民复孝慈""盗贼无有"的治政效果。

"不见所欲"，就是不显示、不张扬那些容易诱发人的贪欲之心的东西。"见素抱朴"，则是要提倡和宣扬清廉、节俭、返璞归真、符合道义要求的事物。二者一正一反——前者是警示，后者是推广，都是对治政者提出的明确要求。

这些论述中字里行间是对统治者的约束和对老百姓的规劝和指点，良苦用心跃然纸上。当时和随后的有识之士都读懂了其中的内涵，所以老子的上述主张提出之后，曾经引起热烈的反响。

比如，受"小国寡民"思想的启发，孔子提出"大道之行，天下为公"的世界"大同"论："大道之行也，天下为公。选贤与能，讲信修睦。故人不独亲其亲，不独子其子。使老有所终，壮有所用，幼有所长，矜寡孤独废疾者皆有所养。男有分，女有归。货恶其弃于地也，不必藏于己；力恶其不出于身也，不必为己。是故谋闭而不兴，盗窃乱贼而不作，故外户而不闭。是谓大同。"[10]

再如，庄子认为，老子所说"小国寡民"，就是"至德之世"。在这里，"彼民有常性（守规），织而衣，耕而食，是谓同德；一而不党（不拉帮结伙），命曰天放（顺从自然）。故至德之世，其行填填（稳重平和），其视颠颠（专注，满足）。当是时也，山无蹊隧，泽无舟梁；万物群生，连属其乡；禽兽成群，草木遂长。是故禽兽可系羁而游，鸟鹊之巢可攀援而窥。夫至德之世，同与禽兽居，族与万物并。"[11]

还有，汉代贾谊发挥老子的"小国寡民"理论，上书汉文帝《治安策》："欲天下之治安，莫若众建诸侯而少其力，力少则易使之义，国小则亡邪心。"后主父偃为汉武帝制定颁布《推恩令》，借为诸王后代"推恩"（分封祖先领地）实现削弱藩权、巩固中央集权的目的。[12]

当然，最著名的还是陶渊明的《桃花源记》：武陵渔民捕鱼过程中忽逢桃花林，夹岸数百步，中无杂树，芳草鲜美，落英缤纷。渔人甚异之，复前行，欲穷其林，结果发现林尽水源处有一山口，舍船而入，看到一片土地平旷，屋舍俨然，有良田、美池、桑竹之属，阡陌交通，鸡犬相闻，其中往来种作，男女衣着，悉如外人，黄发垂髫，并怡然自乐的世外桃源。备受款待之后，才知道这些人是"先世避秦时乱，率妻子邑人来此绝境，不复出焉，遂与外人间隔"，再问今是何世，"乃不知有汉，无论魏晋"，过着完全与世隔绝的平静生活。与此同时，陶渊明还写了一首更为细致动人的《桃花源诗》，发出"借问游方士，焉测尘嚣外？愿言蹑轻风，高举寻吾契"的感慨。[13]

对"小国寡民"这一政治概念的含义和意义，历代学者也有不同层次的解读。

河上公认为，老子的"小国寡民"主张，是"圣人虽治大国，犹以为小，俭约不奢泰。民虽众，犹若寡少，不敢劳之也"，"谓古之善以道治身治国者，不以道教民明智奸巧也，将以道德教民使质朴不诈伪也"。[14]

王弼解释："小国寡民——国既小，民又寡，尚可使反古，况国大民众乎？故举小国而言也。使有什伯之器而不用——言使民虽有什伯之器，而无所用，何患不足也。使民重死而不远徙——使民不用，惟身是宝，不贪货赂，故各安其居，重死而不远徙也"；"明，谓多见巧诈，蔽其朴也。愚，谓无知守真，顺自然也。常使民无知无欲，守其真也"。[15]

唐玄宗李隆基认为，老子的"小国寡民"主张，就是"明人君含其淳和，无所求及，适有人材器堪为什伴伯长者，亦无所用之矣。少思寡欲，不轻用其生。敦本无求，不远迁徙……不食滋味，故所食常甘。不事文绣，故所服皆美。不饰栋宇，故其居则安矣。不浇淳朴，故其俗可乐也。邻国相望，鸡犬之音相闻，言其近也。民至老死不相往来——彼此俱足，无求之至"；"人君善为道者，非以其道明示于民，将导之以和，使归复于朴，令如愚耳。君将明道以临下，下必役智以应上，智多则诈兴，是以难治。人君任用多智之臣，使令治国，智多必作法，法作则奸生，故是国之贼也。若不用巧智之臣，但取纯德之士，使偃息蕃丑，弄丸解难，自然智诈日薄，淳朴日兴，人和年丰，故是国之福也"。[16]

宋徽宗赵佶诠释："广土众民，则事不胜应，智不胜察。德自此衰，刑自此起。后世之乱，自此始矣。老氏当周之末，厌周之乱，原道之意，寓之于书，方且易文胜之敝俗，而跻之淳厚之域，故以小国寡民为言"；"民可使由之，不可使知之，古之善为道者，使由之而已……天下每每大乱，罪在于好知。法出而奸生，令下而诈起。焚符破玺，而民鄙朴，掊斗折衡，而民不争。知此两者，则知所以治国"。[17]

元代著名道学学者吴澄认为："'常使民无知无欲'，谓使民皆无所知，不知名利之可欲而无欲之之心"；"有所知为明，无所知为愚。古者圣人明己之德以明民德，亦欲民之愚者进于明而有所知也。惟其愚而不能使之知，非不欲其明而固欲其愚也。老子生于衰世，见上古无为而治，其民淳朴而无知，后世有为而治，其民浇伪而有知。善为道者化民为淳朴，非欲使之明，但欲使之愚而已。此愤世矫枉之论，其流之弊则为秦之燔经书，以愚黔首"。[18]

清代名学者魏源称："无知无欲则无为。纵有聪明知识者出，欲有所作为，而自不敢为。无为之为，民返于朴而不自知，夫安又不治哉！"[19]

任继愈认为："（小国寡民）这一章集中表现了老子复古的社会历史观。当时已经出现了万乘之国，有了几十万人口的大城市，有了高度发达的文化、科学、艺术。老子对这些不但看不惯，还坚决反对，他认为文化给人们带来了灾难，要回到远古蒙昧时期结绳而用的时代去。在那种落后的社会里，人们怎能做到甘其食美其服呢？我们对老子这些话不能看死了。老子美化上古，是为了菲薄当时"；老子"非以明民，将以愚之"的主张，是"认为人民的知识多了，就不好统治，他希望老百姓越无知越好……这和第三章讲的对待人民要'虚其心，实其腹，弱其志，强其骨'的观点是一致的，也是互相补充的。历代的统治者，对老子的这一主张，基本上是照着做的"。[20]

对此，台湾学者萧天石称："老子曰：'古之善为道者，非以明民，将以愚之。'此乃'归真返璞'，以复性真，循其天行，以至大顺之教也。"他尖锐批评，"世多以'愚民政策'病老子，实则不通老子，且未入其门者之知见也。"[21]

现在，在思想理论界，对老子的"小国寡民"主张和所谓"愚民政策"是进步还是倒退，依然存在这样那样的激烈争论。

我们认为，对老子的阶级出身、政治立场、思想观点、治政方略、政治实践和政治表现等各个方面，应做历史的、具体的、全面的分析，不能一味纠缠于老子的出身和社会地位，在他的阶级属性和政治态度上大做文章。只有这样，才能对老子及其思想、学说做出客观的、历史的、正确的评价。

众所周知，老子生活的时代，正是春秋战国交替时期，也是中国社会发生历史性变化的混乱时代。其时绵延八百年的周王朝正由盛转衰，齐、晋、宋、秦、楚等诸侯列国相继称霸。大国争霸的主要方式是采取军事手段展开兼并战争，用武力争夺土地、人口和各种财富。

据《春秋》《左传》等史籍记载，仅在《鲁史》所记二百四十二年内，诸侯列国之间发生的战争即达四百八十三次，朝聘会盟凡四百五十次，合起来共计九百三十三次。这些军事行动和所谓"会盟"，实质上都是大国对小国的各种掠夺。而掀起战争争夺霸权的，都是几个实力强大的大国，而小国只有承受被宰割、被吞并的命运。春秋初年，见诸经传的大小诸侯封国尚有一百七十多个，在"周公兼制天下"短短十数年间，便"立七十一国，姬姓独居五十三人，而天下不称偏焉"[22]。而到了春秋晚期，就只剩下齐、晋、楚、秦、鲁、吴、越等二十多个，其余基本上都被这些大国吞并，或名存实亡了。仅齐晋秦楚四个大国，就先后灭国九十二个。[23] 司马迁称："春秋之中，弑君三十六，亡国五十二，诸侯奔走不得保其社稷者不可胜数。"[24] 这就是当时"礼崩乐坏"、天下大乱的真实写照。诸侯尚且"奔走不得保其社稷"，草民百姓的生活悲惨到什么地步，可想而知。

面对如此严酷的现实，身为周王朝重臣的老子，不能不受到极大的震动。

毫无疑问，老子的政治立场和政治观点基本上属于上层统治阶级。但是，与此同时，他又是一位头脑清醒、品格正直、观察力敏锐且非常关心民生民瘼的知识分子。这就决定了他观察、思考现实社会政治问题的视野和角度，与同时代的统治阶级及其所属的知识分子（士）均有极大区别。

目睹曾经是那样生机蓬勃、"郁郁乎文哉"的周代王朝一步一步走向衰落，日薄西山，气息奄奄，他一面想要倾一己之力"扶大厦之将倾"，挽救整个统治阶级的灭亡，同时又十分同情处于社会底层的广大民众受剥削、受压迫的悲惨境遇，因而处于十分矛盾的状态。

从理性思维角度讲，他清醒地认识到问题如不从根本上予以解决，势必发展成为激化、引爆阶级矛盾和各种社会矛盾的诱因；但若求根本解决，则必须改变当时由"天子""三公"统治天下的社会政治格局，剥夺他们所拥有的种种特权，变"损不足以奉有余"的"人之道"为"损有余而补不足"的"天之道"。其结果势必动摇整个社会赖以存在的基础，出现"大道废""智慧出""六亲不和""国家昏乱"，直至"失道而后德，失德而后仁，失仁而后义，失义而后礼"的混乱局面。弄不好，还会官逼民反，导致"民不畏威""民不畏死"，铤而走险，"大威"降临，带来更加严重的社会动乱。这是老子所不愿意看到的。

因无法找到从根本上解决一系列重大社会矛盾和社会问题的方法，老子只能采取社会改良的方略，在不触动整个社会政治经济体系赖以存在的基础（君主家族世袭制）的前提下，首先向统治阶级发出严厉警告：一再强调"将欲取天下而为之"，施行"察察"之政，公布多种"忌讳"之无效；明确指出"狎"民治所居，"厌"民之所生，"使民常畏死而为奇"之危险；反复申明"食税之多""求生之厚"，沉溺于"五色""五音""五味""畋猎""财货"等"余食赘形"的诱惑之恶果；谆谆告诫"持盈""揣锐""富贵而骄""信不足，有不信"，由"太上，下知有之"逐步堕落到"亲而誉之、畏之、辱之"之有害。

接着为他们开出一系列"治国取天下"的医世良方，包括"不尚贤""不见可欲""不贵难得之货"；"绝圣弃智""绝仁弃义""绝巧弃利""见素抱朴""少私寡欲"；"希言""守中""德善""德信""积德""早服"；报怨以德，"以正治国，以奇用兵"，以"无事"取天下；"塞兑""解纷""和光""同尘""报怨以德"，排除矛盾；"为无为，事无事，味无味"，实施无为而治；发现"有事"的苗头要"为之于未有，治之于未乱"，及时采取必要措施"镇之以无名之朴"，将导致社会动乱的因素消除在萌芽状态，等等。

最后，落实到对治理对象——"民"的态度，要求他们实施"圣人之治"，"虚其心，实其腹，弱其志，强其骨"；要求他们"非以明民，将以愚之"，"常使民无知无欲"，"百姓皆属其耳目，圣人皆孩之"；要求他们奉行"天之道"——"损有余而补不足"，杜绝"人之道"——"损不足以奉有余"，如同"天地相合以降甘露，人莫之令而自均"；要求他们实施无为之治，做到"我无为而民自化，我好静而民自正，我无事而民自富，我无欲而民自朴，我无欲而民自清"；要求他们惩恶扬善，对"若使民常畏死而为奇者执而杀之"，得老百姓之"善"，得老百姓之"信"；同时注意见微知著，发现"化而欲作"的不正常苗头，要及时采取果断措施，"镇之以无名之朴"，"为之于未有，治之于未乱"。总之，要"无为而无不为"，达到"深根固柢，长生久视"的效果。

这就是老子提出"小国寡民"和所谓"愚民政策"的政治背景和基本内容。

有学者以此断定老子顽固站在没落奴隶主立场，企图违背历史潮流、拉历史倒退到原始蒙昧时期去，这种批评是断章取义，站不住脚的。如果作者能沉下来细读这五千字若干遍，就不会如此草率武断。

再说当时社会阶级界限已经十分分明，统治阶级已经占有绝大多数社会资源和社会财富，享受着穷奢极欲的腐朽生活，有谁愿意再"倒退"到没有阶级、没有剥削、没有贫富区别、没有财产私有制的原始蒙昧社会去？老子尽管身为朝廷重臣，但实际上仍是一介书生，他即使想要挽狂澜于既倒，也没有这样的回天之力。

而且，当时正处在中国社会发生重大转型时期，一面是新兴的政治经济制度，富有生气但尚处于"柔弱"地位，一面是旧有的各种制度及习俗，貌似强大不可一世，而实则"失道而后德，失德而后仁，失仁而后义，失义而后礼"，日益走向"不道早已"的穷途末路。新旧制度交锋带来的贫富分化、阶级对立、社会矛盾和阶级矛盾日趋尖锐且不可调和。

此时此刻，清醒如老子，会选择什么？司马迁写他"居周久之，见周之衰，乃遂去"，说明他是不愿意充当旧制度、旧事物的殉葬品的。

《道德经》中多处出现对现实制度的严厉批判，却从未对无数文人津津乐道的三皇五帝表示任何赞赏。相反，他还对虔诚问礼的孔子明确宣布："子所言者，其人与骨皆已朽矣，独其言在耳！"建议孔子"得其时则驾，不得其时则蓬累而行"，不与旧有制度妥协。[25]

《庄子·天道》篇中还记载"孔子欲西藏经书于周室，与子路谋，往见老聃"，"语仁义"。老子听他滔滔不绝讲了半天，一针见血批评道："夫子若欲使天下无失其牧乎？……夫子乱人之性也！"[26]

联系到对"故失道而后德，失德而后仁，失仁而后义，失义而后礼。夫礼者，忠信之薄，而乱之首。道之华，而愚之始"的严厉批判，能说是老子主张开历史倒车，拉历史退回到原始蒙昧时期去吗？

毋庸讳言，老子受当时历史条件和认知水平的限制，设想不出具有更多民主色彩的国家政治体制，找不到解决社会根本矛盾的出路，只好期望用一种乌托邦式的空想社会形态取而代之。（托马斯·摩尔的"乌托邦"概念也是 15 世纪才提出来的。）这既是老子的悲哀，也是他的无奈。但如果仅据此批评老子思想"反动"，企图开历史倒车，拉历史倒退，其实并没有抓住老子主张"小国寡民"的精神实质和目的所在，脱离了当时老子提出这一主张的历史背景。用今日的观点去苛求古人，本身就是违背历史唯物主义的表现。

再以老子的所谓"愚民政策"来说，从《道德经》所涉及的所谓"愚民"内容来看，基本上还是希望老百姓"虚其心，实其腹，弱其志，强其骨"；希望老百姓"不争""不为盗""心不乱"，不受"服文采，带利剑，厌饮食，财货有余"的"盗夸"之辈声色犬马腐朽生活方式的诱惑；希望老百姓不受兵燹战争的侵害，没有迁徙劳顿之苦，"甘其食，美其服，安其居，乐其俗"，返璞归真，无欲无求，平和、幸福地度过一生。

做"赤子"，做"婴儿"；"含德""淳淳""善摄生"；能够"毒虫不螫，猛兽不据，攫鸟不搏"，"陆行不遇兕虎，入军不被甲兵，兕无所投其角，虎无所措其爪，兵无所容其刃"，周身上下"无死地"……这是老子对老百姓的最大期望。

读了这些，还会认为老子希望推行"愚民政策"，使老百姓永远处于愚昧状态吗？能够"虚心""实腹""弱志""强骨"，不受声色犬马之类腐朽生活方式的诱惑，一个"愚"字够用吗？能够"陆行不遇兕虎，入军不被甲兵，兕无所投其角，虎无所措其爪，兵无所容其刃"，周身上下"无死地"，一个"愚"字做得到吗？

据笔者所知，"愚"字除常见的愚蠢、愚昧、愚顽、愚陋、愚弄、欺骗、自谦等各解之外，还有诚实、淳朴、忠厚、正直之意。

如晋庾亮《让中书令表》："虽陛下二相，明其愚款。"[27]宋沈遘《陈乞札子第四》："载矜愚款，终赐俞音。"[28]"愚款"，就是忠厚、赤诚之意。

宋胡仔《苕溪渔隐丛话后集迁叟》："独乐园子吕直者，性愚鲠，故公以'直'名之。"[29]"愚鲠"，亦是性情耿直，光明磊落。

我们常说的"哲人之愚"（聪明人的自我掩饰），"大智若愚"（高人显示过人智慧的方式），均不可作"愚蠢""愚昧"解，倒与老子所说"圣人被褐而怀玉"风格相近。

除此之外，"愚"字还有两个同义派生词——"笨拙""糊涂"。书法家们把厚重敦实的翰墨风格赞为"藏巧于拙"，郑板桥题匾"难得糊涂"，均赋予"愚"字特殊的寓意。

如果真以为这里的"拙"和"糊涂"是笨拙和愚昧，那就太不懂得中国文化的深沉含蓄之美了。

我们在此处着墨颇多，并非刻意为老子"小国寡民"主张和所谓"愚民政策"辩护，而是期望读者能够同我们一样，对老子的身世、地位、处境、立场、观点、主张、方略、宗旨、目标，等等，做设身处地的换位思考，真正了解老子、理解老子，对老子的历史贡献做出合理的、应有的、符合历史事实的评价。

平心而论，我们现在对老子和他的思想理论的了解，基本上局限于各种文本的《道德经》及其注释、训诂和评介，对老子生平和经历所知甚少。就我们所见到的各种《道德经》文本来看，老子的思想和理论还存在着较为明显的不足和缺陷。例如：第一，受当时书写条件和文字的限制，许多思想和理论只是点到为止，未展开充分论述，因而造成后世学者的多种解读和误读；第二，受当时科技发展条件的限制，对以宇宙生成论为中心的自然哲学缺乏系统的理论阐释，内容丰富的唯物辩证法还只停留在素材堆积和现象类比的阶段，没有系统化、条理化（所以被一些学者冠以"朴素"之名）；第三，受当时社会政治条件限制，无论谈政治、谈人生，所举实例都比较有限，对当今的读者来说，缺乏实际、足够的说服力。

不可否认，《道德经》中许多名言隽语言简意赅，精辟深刻，发人深思，但受自身认知水平及思想观点的局限，部分立论有片面化、极端化倾向。如"小国寡民"中的"使民复结绳而用之"，"愚民"之策中的"非以明民，将以愚之""常使民无知无欲""绝圣弃智""绝仁弃义""绝巧弃利"，又如"信言不美，美言不信""善者不辩，辩者不善""兵强则灭，木强则折""强大处下，柔弱处上"，以及"为无为，事无事，味无味"，等等。这些立论，固然可以理解为老子所表明的"正话反说"，但也不可否认，其中不少警语乃是吴澄所说的"愤世矫枉之论"。其"流弊"虽不至于如吴澄所称"为秦之燔经书，以愚黔首"，不过容易引起误读和误解，却是显而易见的。即以"为无为，事无事，味无味"来说，就曾引起读者争议。

实际上，"为无为则无不为"，才是"无为"二字的真谛。"无为"是策略，是手段，是现象，"有为"是实质，"无所不为"才是真正的目的。所谓"无为"，是有前提条件的，就是不要脱离"道"的养护和制约而胡乱作为，而不是朱熹所说的"无所事事"，一无所为。"事无事""味无味"，也可以作同样解释。

明白了这些，对《道德经》中那些听去似乎"过头"的话，也就不难理解了。老子，也是爱憎分明、感情浓烈的性情中人。他在激情澎湃时发表一些"愤世矫枉"的极端言论，由此引起不应有的误读、误判和误解，亦属正常。

尽管如此，我们仍然认为瑕不掩瑜，老子的思想和理论，无论在过去还是现在，都是中国和世界哲学史、思想史和文化史上无与伦比的辉煌存在。对老子的哲学思想、政治主张、人生态度和思想方法，尽可以见仁见智，各抒己见，但最基本的一条还是要用历史的眼光看历史，在尊重历史事实的前提下确立自己的观点和理论。

历史唯物主义要求我们，评价历史人物，首要的一条是看其是否站在历史正确的一边，是否为推动历史前进做出特殊的贡献。对老子这个在文化史上产生重大影响，占据重要地位的人物，同样应当如此。这才是真正科学的、符合历史唯物主义的态度。

二、《道德经》的历史地位

多年以来，老子的政治立场和学术观点，尤其是《道德经》的哲学价值和历史地位，均没有得到公允的、中肯的、较为符合客观实际的评价。这直接牵涉到对中国传统文化核心价值的继承和发扬问题。所以，我们不得不以较大篇幅专文探讨此一命题。

当前学界较为普遍的观点是：老子出身于没落奴隶主贵族阶级，站在奴隶主贵族立场，代表没落奴隶主贵族利益；老子所著《道德经》是我国历史上第一部纯粹的哲学著作，含有朴素的唯物主义因素和朴素的辩证法因素。

我们经过长期研究，检阅了大量学术文献，研读了多位名家对老子及其所著《道德经》的分析和评论，认为简单以阶级出身判定老子的政治立场和政治态度，是违背历史唯物主义的观点、理论和方法的。所谓"含有朴素的唯物主义因素和朴素的辩证法因素"的评价，对《道德经》来说，不仅有些吝啬，也欠客观。

我们认为，对《道德经》必须重新审视、重新评价，还它以应有的历史地位。这才是真正科学、求实的态度。具体来说，有如下几个方面。

（一）《道德经》中的宇宙观是彻底的唯物论

《道德经》开宗明义就告诉我们："道可道，非常道；名可名，非常名。无，名天地之始；有，名万物之母。故常无，欲以观其妙；常有，欲以观其徼。此两者，同出而异名。同谓之玄。玄之又玄，众妙之门。"

这段话虽只有短短五十九个字，内涵却十分丰富。它是《道德经》的总纲，对《道德经》全篇起着提纲挈领、画龙点睛的重要作用。《道德经》中道论、德论、人论三部分内容，就是紧紧围绕这个总纲逐步展开论述的。

这五十九个字中包含"道""名""无""有"四个重要的哲学概念。（还有人认为包括"玄""妙"在内共六个哲学概念，其实细加分析，"徼""同""门"也应考虑在内，我们在此只说四个主要概念。）而"道"，不仅是四个重要哲学概念的核心，也是《道德经》全文的核心。

"道"字提纲挈领，作为《道德经》的核心概念，从头到尾统率全篇。但引人注目的是，老子并没有照一般的文章做法，对"道"的含义做出明确界定，甚至没有集中论述。相反，他却用一支生花之笔，对"道"的存在、"道"的特性、"道"的作用、"道"的运行及其规律（王力把这些总结为"道始""道理""道动""道用""道效"），等等，绘形绘色精心描绘，使读者在饶有兴趣地追寻"道"的深邃含义的过程中，次第推进，逐渐窥见和感知到老子为我们构筑出的天地、宇宙形成的轮廓。现在被学者们统称为宇宙生成论，或宇宙本体论。

"名"的含义同样没有明确界定。与"名"同义的字散布全篇，凡宇宙万物、天下万物无一不处于"无名"或"有名"两种状态。"名"与"万物"，尤其与"道"，有着千丝万缕的联系。"道常无，名朴，虽小，天下莫能臣"；"名亦既有，夫亦将知止，知止可以不殆"——"名"之重要，可谓无以复加。但"名"究竟是什么，老子却刻意"引而不发"，似乎欲说还休，还绕了个大圈子，告诉读者："名可名，非常名。"任何名字，你只要写得出来，读得出来，唤得出来，就不是我说的那个"名"了（即恒名、常名，也就是"道名"，实际上就是概念）。"名"是什么，读者只能根据自己的体会去判决、去界定。

然而，对"无""有"两个哲学概念，老子却开门见山明确指出："无，名天地之始；有，名万物之母。"一个是"天地之始"，一个是"万物之母"。"天地之始"混沌未分，一切都处于"无"的状态。"万物之母"已经孕育出天地万物的雏形，自然就是所谓"有"了。不仅如此，老子还指出："故常无，欲以观其妙；常有，欲以观其徼。"当一切都还处在"无"的状态时，那是要显示它从"无"到"有"所经历的微妙而神奇的变化；而当它进入"有"的阶段，就可以显示它发展变化的趋势和结果。更重要的是，老子还指出"无"和"有"之间的关系："此两者，同出而异名。"它们实际上都来自一个源头，只不过人们给它们不同的名称，用以表述它们在不同的形成阶段中的不同状态而已。"同谓之玄"，二者之间没有明确界限，很难区分清楚，只能用一个"玄"字来解释。"玄之又玄，众妙之门"——归根结底，它们都来自一个神秘到不能再神秘的地方，那就是滋生万物的"众妙之门"：道。

"无"，是老子独创且多次使用的特殊概念。其意思并不是"没有"，而是"天地之始"，即世间万物混沌一片难解难分的初始状态。而"有"，则是"万物之母"，是看得见摸得着的原始母体。万事万物都由它产生出来，然后才开始发展壮大。因此，它们才"同出而异名"，被人们分别称作"无"和"有"。"常无"和"常有"中的"常"，也不是我们所说的"经常""长久"和"永远"，而是事物持续存在的一个特定的时间段。在这里，就是事物处在"无"的状态和"有"的状态下的两个特定时间段的整合。

"无"字作为哲学概念出现之后，引起了人们广泛的注意，在春秋战国及魏晋时期风行一时。流韵所及，"无量""无穷""无终""无限"成为形容"浩大无比"的常用词，"无盐""无忌""无知""无病"及"无名"被用来做人名，"无射"被定为十二音律中的第十一律，"无极""无盐""无棣""无锡"至今还是河北山东和江苏的地市名称。

为了进一步说明"无"和"有"这两个概念之间的关系，老子还形象地使用了三个比喻。其一是："三十辐，共一毂，当其无，有车之用。"其二是："埏埴以为器，当其无，有器之用。"其三是："凿户牖以为室，当其无，有室之用。"老子由此得出结论："故有之以为利，无之以为用。""有"是为了给人们带来便利，"无"是为了供人们使用。"无"和"有"，在这里彼此依存，不可分割。这就叫"有无相生"。（这里的"无"和"有"与其余地方所用的"无""有"含义略有不同，实际指空间和实体，宜理解为"无""有"两个哲学概念的延伸使用。）

从发明和使用"无"和"有"这两个哲学概念看，在老子眼中，客观世界的万事万物，不是由任何神仙上帝"创造"出来的，而是由自然界的"万物之母""众妙之门"滋生出来的。

那么，"万物之母"和"众妙之门"究竟是什么？是"谷神"，即静虚之神。老子在《道德经》中多次以"谷"代表"静""虚""玄""无"等概念。这个"谷神"生生不灭永存在世，被称为神秘微妙的生殖之母（玄牝）。她的生殖之门乃是"天地之根"，生殖能力绵绵不绝，永远没有穷尽之日。

这个"谷神"又是什么呢？老子并未直接回答，而是说：她是存在于天地宇宙之间的一个浑然一体的东西，但她比天地诞生得还要早。她独自存在，从不改变，循环往复，并不衰竭，可以说是宇宙万物滋生的根源。实际上，就是上文所说的"万物之母""众妙之门"——道。

"道"是如此"恍惚"、如此神秘、如此真实又如此重要，但老子却称，他也"不知其名"，只能"强字之曰道""强为之名曰大"。曰"道"、曰"大"尚不能尽述，因为它还有"逝"（消失）、"远"（扩散）、"反"（返回，循环）的特点。宇宙万物，都一直处在这种"大、逝、远、反"、永不休止的循环之中。

看来，给"道"命名也很不容易。这就应和了前面所说的"道可道，非常道；名可名，非常名"的立论。

不仅如此，老子还告诉我们："域中有四大，而人居其一焉"，"故道大，天大，地大，人亦大"。这"四大"即道、天、地、人之间的关系是："人法地，地法天，天法道，道法自然"。

这里的"法"，不光是"效法""遵循"，更是"被约束"，或"受限制"。也就是说：人的活动受地的约束，地的运行受天的制约，天的运行受道的支配。而道呢？它不受任何控制，它只保持自然状态。"自然"，就是它的本性。

老子认为，"道"，是滋生万物的"天下母"。既然掌握了"母"这个源头，就可以接着了解她的"子"，即各种衍生物。在了解认识各种事物的同时，又能持守它们滋生的源头，尊重万事万物自身所固有的成长规律，那么，人便可以"没身不殆"，也就是活到终老也不会遇到什么危险。

与"道"密切联系的是"德"。

老子说，"道"和"德"是宇宙万物的滋生者和养育者。宇宙万物都是"道生之，德畜之"，由"道"所生，为"德"所养。它们在"道"生"德"畜之下各具形态，在"道"和"德"的"养覆"之中"长之育之""成之熟之"，共同构成五彩缤纷的繁华世界。"是以万物莫不尊道而贵德"，把"道"和"德"看得比什么都重要。

而无比尊贵的"道"和"德"，则"生而不有（拥有），为而不恃（自恃），长而不宰（主宰）"，从来不以施恩养育者自居，也不对它们施行任何法令，只是让它们处在自由自在的"自然"状态。老子认为这是最高尚、最奥妙的"玄德"。

那么，"道"又如何"滋生"万物呢？老子总结出的规律是："道生一，一生二，二生三，三生万物。万物负阴而抱阳，冲气以为和。"

这里的"一、二、三"并不是简单的数字排列，而是"万物"由"无"到"有"、由少到多、由简单到复杂、由低级到高级的滋生、发展、消亡的过程。"负阴抱阳"就是携带阴气趋向阳气。万物所携带的阴气和阳气互相冲撞、互相激荡，既对立又统一，合而为一就产生了新的物质。宇宙、星体、天地、万物，以及人，就此出现。这就是我们所处的客观世界的形成过程，其中自带矛盾的两个方面，二者相反相成，对立统一。

从上述引文中可以看到，老子认为，世间万物都是从"无"到"有"，由"道"产生，并在"德"的养育下成长壮大，最后走向消亡的。这个"道"是万物滋生的总的源头，万物都由它的"精"演化而来。它虽然"视之不见，听之不闻，搏之不得"，但人们可以处处感知到它的存在。老子强调掌握客观规律的重要性，认为能够通晓自古至今早就存在于宇宙之间的"道"，并用它来观照、解释并把握眼前存在的万事万物，就可以说是掌握了"道"的精髓。这正是我们认识和掌握客观世界万事万物发展变化的目的。

至于"道"的概念究竟该如何确定，老子没有给我们做出明晰回答。但从老子这一系列对"道"的描述，我们可以得出一个大致明确的答案，那就是："道"是一种客观存在，是我们周围物质世界发生发展变化的根本动力和规律。这个变化无边无际，无始无终，循环往复，无穷无尽。人们只有认识了它，掌握了它的精髓，并顺其"自然"，才能够在这个世界上安然生存。

在老子视野中的客观世界，不光是自己周围的"万物"，还扩大到了广袤浩瀚的天地（宇宙）。身为万物之灵的人，也是这个客观世界的组成部分，因而也是老子研究的重点对象。人的活动，无论是群体（社会）还是个体（个人），都应符合道的要求。

他在研究客观世界万事万物的同时，也对人类社会和人类本身的孕育、诞生、成长、运行、思维规律，做了深刻的研究和精到的总结。他认为，人要"长生久视""终身不殆"，就要首先学道、懂道，循道行事。

在此基础上，他构筑出一套以道论、德论、人论为中心内容的，完整、系统的宇宙观、政治观、人生观和方法论，将它们全部浓缩在《道德经》中。

这是一种彻底的唯物主义观点。因为，它不仅揭示了客观世界的物质性（由"道"所包含的"精"滋生成"万物"）、运动性（始终处在发展变化的状态），而且揭示了物质世界以及人类思维活动的规律性（前者由"无"到"有"，由小到大，后者由简单到复杂，由低级到高级；所有这些，都要经历滋生、成长、发展壮大直至消亡的完整过程，又接着"返回"重新开始，循环往复，无穷无尽）。他还深刻指出，作为"域中四大"之一的人，只是我们所处的客观世界的一部分，其活动受天、地、道的制约，因而也必须遵循客观世界的规律办事。

这里没有女娲补天，没有上帝造人，没有五花八门的神仙鬼怪，所有的，只是永远处在发展变化中的万事万物，即物质，以及物质世界生灭消长的基本规律，包括人的社会活动和思维活动在内。这些都是人所共知的客观存在。当然作为"万物之灵"的人，有其特殊的认知能力和主观能动性，可以在认识并顺应客观规律的前提下能动地改造周遭局部世界，积极地适应外界条件，从而取得某种自由和和谐（"无为"也是一种"自由"和"和谐"），但"前提"（法地、法天、法道、法自然）还是不可移易的。

值得注意的是，在整篇《道德经》中，老子并未引述东西南北的地理方位概念及盛行千年的天圆地方"盖天论"，而直接用"天地"指代他眼中的宇宙（天指星空，地指大地），连"昼夜"及春夏秋冬的时间、节令概念都不使用。其余仙魔灵怪，更无足论。这一点，不但充分显示出老子唯物主义宇宙本体观念的深刻和彻底，也使他在同时代中外学者中鹤立鸡群，出类拔萃。

老子自己并无任何宗教信仰，当然也不相信任何神鬼。《道德经》中虽然也多次提到"神"，提到"鬼"，如"谷神不死，是谓玄牝""神得一以灵""神无一灵，将恐歇""以道莅天下，其鬼不神；非其鬼不神，其神不伤人；非其神不伤人，圣人亦不伤人"等，但并不是宣扬这些"神""鬼"有什么异能，而是借用民间传说和信仰来衬托"圣人"地位之重要，道行之高强——只要圣人"以道莅天下"，无论什么样的"神"和"鬼"，就都无法施展伎俩去"伤人"了。

显然，这里的"神"和"鬼"，都是泛指各种违背道、德的邪恶势力和行为，与当时盛行的天帝、神仙、鬼怪传说及方仙道主张的神仙信仰并不是一回事，与孔子所说的"怪力乱神"和"敬神如神在"的主张也截然不同。同其后成立的道教所宣扬的修道成仙、炼丹长寿、羽化、飞升、与天地共存的"长生不死"之道，更有根本区别（这也是我们认为应该把道学和道教区分开来的主要理由）。从老子提及神鬼之时所用的调侃、挖苦和蔑视的口吻看，他对神鬼是持否定态度的。

唯物辩证法认为，世界是由物质构成的，物质处在不断运动之中，物质运动有其特有的规律性，这种规律可以通过人类的实践活动逐步认识，只有认识并掌握了客观事物的运动规律，人类才可以能动地改造客观世界。唯物辩证法的创始人马克思说过："理论只要彻底，就能说服人。所谓彻底，就是抓住事物的根本。"[30] 恩格斯认为："凡是断定精神对自然界说来是本原的，从而归根到底以某种方式承认创世说的人（在哲学家那里，例如在黑格尔那里，创世说往往采取了比在基督教那里还要混乱而荒唐的形式），组成唯心主义阵营。凡是认为自然界是本原的，则属于唯物主义的各种学派。"[31]

以这些基本观点做对照，我们完全可以毫不含糊地说，老子的《道德经》已经构成了一个相当彻底、相当完整的唯物主义理论体系。这个体系大致由宇宙观、人生观、政治观和方法论四部分组成。单就认识论而言，它已经抓住了客观事物发展变化的"根本"。这个"根本"，就是以"道论"为标志的唯物论和辩证法。只是由于语言文字的隔阂，老子特殊的表述方式不易被现代人理解和接受；由于当时的历史条件和科学技术落后的限制，老子不可能做出符合现代人眼光的所谓更为深入更为全面的论述。

但这已经是非常了不起的成就了。且对比一下和老子同时代的以及后老子而起的几位著名哲学家和学问家的理论，就知道老子思想如何超越时代、领先群伦了。

第一位是被称为欧洲哲学之父的古希腊哲学家泰勒斯（公元前624—前546年）。他与老子生活时间相近，是一个拒绝以玄异观点解释自然现象的出色学者，也是第一个提出"什么是万物本原"这个哲学根本问题的思想家。他曾测量过金字塔的高度并成功预测过一次日蚀，还"估量"过太阳和月亮的大小。他认为水是万物之本原："万物源于水""水是最好的""地球就漂在水上"。在泰勒斯看来，大地是一个浮在水上的圆盘或圆筒，地震是地壳被海浪冲击震动造成，不是超自然现象。他还宣称，"万物中皆有神在"，"神"是主宰一切的。[32]

第二位是希腊著名哲学家、埃菲斯学派创始人赫拉克利特（约公元前540—前480年）。他发现"在对立与冲突的背后有某种程度的和谐"，并声称"人不能两次踏入同一条河流"，还认为火是万物的本原，"一切事物都换成火，火也换成一切事物"，"神是涵盖整个世界的事物"，

"世界秩序（一切皆相同的东西）不是任何神或人所创造的，它过去、现在、未来永远是永恒的活火，在一定分寸上燃烧，在一定分寸上熄灭"。[33]

第三位是著名的哲学家、爱利亚学派的创始人巴门尼德。巴门尼德最早宣称地球是球形的，但他认为地球位于宇宙中心。他在哲学方面提出"万物同是一的"观点，认为"一"是无限的、不可分割的，根本没有对立面，是一种永远不动的、和神一样的永恒存在；它可以被思想，但不可以被感知，人的感性世界内所有的事物都是假象，都是非存在，所以，人不能凭借感官来认识真实。他还认为感官是骗人的，所有可感觉的事物都是单纯的幻觉。唯一真实的是无不可分的"一"。其名言是："真理之路：存在存在，不可能不存在"；"意见之路：存在不存在，非存在存在"。这实际上已经否认了人的主观意识认识客观事物的可能性。[34]

这些观点和理论，与老子的宇宙本体论及"执古之道以御今之有""既得其母，以知其子，既知其子，复守其母""人法地，地法天，天法道，道法自然"的认识论、方法论比较，相形见绌，相差甚远。

老子的天道论问世之后，立刻引起广泛注意。后世学者受老子宇宙生成论的启发，对《道德经》中所描述的"天地"进行深入思考和探索，总结出"往古来今谓之宙，四方上下谓之宇"[35]及"四方上下曰宇，往古来今曰宙"[36]这样明晰的时空结合的宇宙概念。不仅增强了对人类所处的客观世界的认识，而且启发其后的科学家们逐渐形成包含时间、空间和质量在内的"宇宙"概念，使"宇宙"一词成为包括我们所居住的地球在内的广袤无际的天体世界的代名词。它不但在中国历代的哲学、文学和科学技术等各个领域得到广泛运用，而且为全球学界、政界、思想界所公认。随着科学技术特别是天文学和太空科学技术的发展，人类不断增强对宇宙的认识，老子的许多论点都不断得到新的科学验证。现在，提及"宇宙"，人们都会自然地想到广袤无际的天体世界，而不再仅仅局限于我们蜗居的"地球村"了。

著名哲学家金岳霖先生说："每一文化区都有它的中坚思想，每一中坚思想都有它最崇高的概念、最基本的原动力……中国思想中最崇高的概念似乎就是道。所谓行道、修道、得道，都是以道为最终的目标。思想与情感两方面的最基本的原动力似乎也是道"；"不道之道，各家所欲言而不能尽的道，国人对之油然而生景仰之心的道，万事万物之所不得不由，不得不依，不得不归的道，才是中国思想中最崇高的概念，最基本的原动力"。³⁷

国外学者更对老子的唯物主义宇宙观给予极高评价。例如，美国物理学家卡普拉就认为，中国的道家思想在许多方面，同现代物理学高能物理现象有着深刻的相似性；"中国的哲学思想，提供了能够适应现代物理学新理论的一个哲学框架，中国哲学思想的'道'暗示着'场'的概念，'气'的概念，与量子'场'的概念也有惊人的类似。"³⁸日本物理学家、诺贝尔奖得主汤川秀树非常崇拜老子哲学，他认为，早在两千多年前，老子就已经预见到了今天人类文明的状况，甚至已经预见了未来人类文明将要达到的状况；"老子和庄子的思想是自然主义的，是宿命论的，然而它们却有一种彻底的合理的观点"。³⁹被封为"宇宙之王"的英国物理学家霍金也肯定了老子哲学在物理学发展中的价值，他创立的"黑洞理论"与老子的宇宙生成论有着共通之处。霍金断言：因为存在像引力这样的法则，所以宇宙能够"无中生有"，自发生成可以解释宇宙为什么存在，我们为什么存在，"不必祈求上帝去点燃导火索使宇宙运行"。⁴⁰

这些，都是对老子天道论和唯物论的最好继承和诠释。如果老子今天尚还健在，我们相信，他也会坚决破除对神仙上帝之类的迷信，衷心赞同对宇宙不断进行探索，并为人类取得的每一项探索成果感到欣慰。

（二）《道德经》中的辩证法开后世认识论之先河

辩证法是研究并反映自然、社会及人的思维活动的本质、存在及运动、发展的整体规律的。依照唯物辩证法的观点，物质世界是普遍联系和不断运动变化的统一整体，物质世界按照辩证规律处在永恒的运动之中；人类的主观辩证法或曰辩证的思维，是客观辩证法在人类头脑中的反映。唯物辩证法将自然辩证法和人类的辩证思维归结为三个基本规律（对立统一规律、质量互变规律和否定之否定规律）以及现象与本质、原因与结果、必然与偶然、可能与现实、形式与内容等一系列基本范畴，而对立统一规律是辩证法的核心。它既是宇宙观，又是认识论和方法论。

对此一问题，人类早在两千多年前，即中国的春秋战国时期，就有过多种探讨。如古希腊的苏格拉底、柏拉图、亚里士多德等人，就把辩证法视为认识理念形成过程中由个别到一般、又由一般到个别的方法，还对同与异、一和多、整体和部分、个别和一般、内容和形式、潜能和现实、存在与非存在等矛盾对立面的互相联系又互相对立的关系，做过各种研究和阐述。[41]中国春秋战国时期百家争鸣中的名家、墨家、数术家之中的"辩者"和"察者"，如邓析、惠施、公孙龙、墨翟诸人，也在名与实、形与名、个别和一般、特殊和普遍、语言与事实等一系列逻辑思维上进行过较为深入的研究，提出"合同异""离坚白""至大无外，至小无内""天与地卑，上与泽平""飞鸟之影未尝动""镞矢之疾，而有不行不止之时"等命题。[42]

而在这一方面，老子的研究和论述最为突出。《道德经》中涉及辩证法的文字有三十多处，内容包括宇宙万物的普遍联系、矛盾斗争的普遍存在、"万物"发展变化的根本动力及规律、内因和外因的不同作用、矛盾的主要方面和次要方面、对立面的相互依存和转化、矛盾的普遍性和特殊性、变化的必然性和偶然性、现象和本质、原因和结果、量变和质变、部分和整体、人类思维活动的主观性和客观性、认识论和方法论以及思维和实践的统一问题，等等，内容十分丰富，思想十分深刻。

我们把《道德经》中《道论·辩证法》一篇中的精华内容略加编排，会发现它们是一个相当完整、相当严谨的理论体系。

第一，我们所处的由道、天、地、人这"域中四大"组成的物质世界，是彼此联系、互相制约的统一体，作为"万物之灵"的人只是这个物质世界的组成部分之一（"域中有四大，而人居其一焉"）；人受天地的制约，天地又受道的制约，而道，只是"独立而不改，周行而不殆"、永远处于运动之中的"自然"状态("人法地，地法天，天法道，道法自然")。

第二，这个由"万物混成"的统一体早在我们认识它之前就独立存在，而且在"道"的支配下处于不断的发展变化之中("有物混成，先天地生；独立而不改，周行而不殆")。处在这个运动过程中的万事万物都严格遵循"大"（滋生成长）、"逝"（壮大）、"远"（扩展）、"反"（返回，循环）的规律，周而复始，处在永不止息的运动状态("道……强为之名曰大。大曰逝，逝曰远，远曰反")。

第三，物质世界发展变化的基本规律是从无到有、从小到大、由弱至强、由简单到复杂、由低级到高级，在极盛时期开始走向衰落和灭亡，再以新的形式重新进入循环。("天下之物生于有，有生于无"；"道生一，一生二，二生三，三生万物"；"物壮则老"；"夫物芸芸，各复归其根。归根曰静，静曰复命"……）这里的"无"，是初始，即"天地之始"，不是"没有"；"归根"，是返回到"物"的本根、本质；"复命"，是回复它本来所有的属性。"归根""复命"，即进入"常态"，开始"大""逝""远""反"的新的循环。

第四，事物发展变化的根本动力是其内部对立统一的矛盾运动("反者道之动")，矛盾运动一般不呈现激烈对抗的形式("弱者道之用")。这里的"反"既可理解为"对立""对抗"，亦可理解为"返回""循环"。矛盾既统一为同一件事物，又是互相排斥、互相转化的两个方面("祸兮，福之所倚；福兮，祸之所伏")。对立和统一是彼此联系、不可分割的。离开了统一就没有了对立，没有了对立，统一亦无从谈起。对立统一的结果，是矛盾双方都转化向自己的反面("正复为奇，善复为妖""故物或损之而益，或益之而损")。

第五，事物发展变化的普遍规律是量变引起质变。这种变化，分渐进式和突发式两种。"合抱之木，生于毫末；九层之台，起于垒土；千里之行，始于足下"，都是渐进式的量变引起质变的例子（"毫末"变"合抱"，"垒土"变"楼台"，"足下"变"千里"）。引申到社会政治活动中，则要求"图难于其易，为大于其细。天下难事，必作于易，天下大事，必作于细"。突发式表现为矛盾在质量互变过程中由激烈对抗诱发的突变。如："万物并作""国家昏乱""飘风""骤雨"，"行／随，歙／吹，强／羸，载／隳"，"大军／凶年"，"吉凶"，"歙／张，弱／强，废／兴，取／与"，"民不畏死"（矛盾激化诱发激烈冲突），等等。

第六，"柔弱胜刚强"，新生胜腐旧，"兵强则灭，木强则折"，"强大处下（走下坡路），柔弱处上（向上发展）"，是事物发展的必然规律。当事物发展至极盛之际，也就是走向没落、走向衰亡之时。貌似强盛的腐旧事物一定会走向衰落死亡（"物壮则老，是谓不道，不道早已"），而看起来"柔弱"的新生事物却会生气勃勃蒸蒸日上（"人之生也柔弱，其死也坚强，草木之生也柔脆，其死也枯槁，故坚强者死之徒，柔弱者生之徒"，"天下莫柔弱于水，而攻坚强者莫之能胜，以其无以易之"）。

第七，现象和本质既有统一的一面，又有对立的一面。当现象和本质一致的时候，就是统一的；不一致的时候，就是对立的。统一是相对的，对立是绝对的。"善行无辙迹，善言无瑕谪，善计不用筹策，善闭无关楗而不可开，善结无绳约而不可解"，就是现象掩盖本质的极好事例（当然也可作方法论解释）。而"将欲歙之，必固张之；将欲弱之，必固强之；将欲废之，必固兴之；将欲取之，必固与之"，"明道若昧，进道若退，夷道若纇。上德若谷，广德若不足，建德若偷，质真若渝。大白若辱，大方无隅，大器晚成，大音希声，大象无形"，则不但是事物发展变化过程中的正常现象，也是现象掩盖本质的常见模式。

第八，对立统一促使矛盾斗争的两个方面互相转化，最终走向自己的反面。"曲则全，枉则直，洼则盈，敝则新，少则得，多则惑"，只有具备了转化的条件，才能够导致转化的实现并因此得到转化的结果。自然界的"天之道"会在道的支配下自行调节（"高者抑之，下者举之，有余者损之，不足者补之"，"天地相合以降甘露，夫莫之令而自均"），而尘世间的"人之道"则不然（"损不足以奉有余"），因"其上食税之多"，巧取豪夺，骄奢淫逸，造成严重的两极分化，贫富悬殊，阶级矛盾日趋尖锐，从而导致"民不畏危则大威至"的恶果。两相对比，矛盾双方互相转化从而走向自己反面的例证，尤其明显。

第九，由此引申到人的行为方法：要善于观察（发现"微明"，洞晓"玄德"），善于思考（"善为士""善战""善胜敌""善用人"），善于选择（"居善地，心善渊，与善仁，言善信，正善治，事善能，动善时"），善于操作（"善建""善抱""善行""善言""善数""善闭""善结"），善于自省（"知人""自知""知不知""知病病"），善于学习（"为学日益，为道日损""贵其师，爱其资"），善于发现和总结（"不出户，知天下；不窥牖，见天道"），善于自律（不"自见"，不"自是"，不"自伐"，不"自矜"，"不争""不敢为天下先"），善于养生、养性（"致虚""守静""复命""知常""知和""知足""知止"，"毒虫不螫，猛兽不据，攫鸟不搏"，"骨弱筋柔而握固"，"身无死地"），直至达到"不行而知，不见而明，不为而成"的高妙境界。

其中最根本的一条，就是闻道而行，循道而为，"行于大道，唯施是畏"，使自己的言行举止时时处处得到道的养护。这实际上是要求人们重视实践，在认识自然、认识社会，适应和改造客观世界的同时，不断提高自身适应、改造客观世界的能力。

第十，除上述诸点之外，老子在《道德经》中罗列了一系列他所观察到的客观事物对立统一的矛盾现象，如：美/恶，有/无，难/易，长/短，高/下，前/后，曲/全，枉/直，洼/盈，敝/新，少/得，多/惑，重/轻，静/躁……

老子观察、研究、总结客观事物发展变化和人类主观思维活动规律的思路之开阔、视角之独特、内容之广博、见解之深刻，以及理论之全面、系统、缜密，都是中外同时代人所无法比拟的。可以说，《道德经》中的辩证法开人类认识论之先河。

西方哲学泰斗黑格尔对老子的辩证法理论给予高度评价。他在《哲学史讲演录·东方哲学·中国哲学》中，对老子的"道"作了专门论述，称："中国哲学中另有一个特别的宗派……是以思辨作为它的特性。这派的主要概念是'道'，这就是理性，这派哲学以及与哲学密切联系的生活方式的发挥者是老子。"还说，"中国古代只有一位哲学家，那就是老子"，老子是"东方古代世界的代表者"，老子哲学是"人类哲学的源头"。[43]

众所周知，黑格尔哲学的核心价值就是辩证法，"思辨"是他最喜欢也最常用的辩证法的代名词。他称老子的哲学"是一个特别的宗派"，这个宗派"以思辨作为它的特性"，它的主要概念就是"理性的道"，还认为老子哲学是"人类哲学的源头"，可见老子的辩证法理论对他产生的深刻影响。黑格尔的学生马克思批判地继承了黑格尔辩证法的"合理内核"，创立了系统、严密的唯物辩证法（或称辩证唯物主义理论），很显然，其中也有老子的贡献，这是人类共有的巨大精神思想财富。

（三）《道德经》中的政治论是治国取天下的谋略书

《德论》即政治观，属于社会伦理学范畴，表明老子对天下治乱的基本观点及应对治乱的基本方略，实际上是为统治阶级设计的治理天下的谋略之作。这是由当时的社会生态环境、老子所处的社会地位和老子自己的政治品格决定的。

在《史记》《汉书》《后汉书》等一系列典籍中，都有老子曾任周朝"守藏室之史""征藏室之史"和"柱下史"的记载。[44]"藏室"是周王朝储存重要典籍、文档和珍贵器物之所，"守藏室之史"和"征藏室之史"都是管理这些重要场所的高级官员（"征"与"守"同义，都是管理、典掌之意；"史"同"吏"）。柱下史，后称御史，执掌奏章、档案、图籍、秘书及地方上报资料，因在王室特设的廊柱之下处置公务而得名，同样是职务很高的官员。因职务之便，与处于社会最高位的"天子"——周王过从甚密。而老子同时又是一个"不出户，知天下；不窥牖，见天道"的、关心天下大势的高级知识分子，他独具慧眼的洞察能力、独具一格的思考能力、以天下为己任的责任担当及与众不同的社会角色赋予他忧国忧民的特殊使命感，均决定了他在观察、思考天下大势时，与别的知识分子如儒、道、墨、名、阴阳、纵横等诸子百家有着根本的不同。眼看周朝这样一个曾经颇有生气的新兴王朝在各种社会矛盾冲突之下一步一步走向没落，他不能不受到深刻的触动，从而引发深入的思考。

周王朝为什么会败落到被诸侯列国完全架空的悲惨地步？诸侯列国你争我夺、战乱不休的原因何在？千千万万处于社会底层的老百姓为什么那样贫穷、那样悲惨，那样走投无路又忍气吞声？放眼天下，一面是"大道废，有仁义；智慧出，有大伪；六亲不和，有孝慈；国家昏乱，有忠臣"，"以其上食税之多"，"以其上求生之厚"，巧取豪夺，醉生梦死，以致"五色令人目盲，五音令人耳聋，五味令人口爽，驰骋畋猎令人心发狂，难得之货令人行妨"；一面是被"狎其所居"，被"厌其所生"，饥寒交迫，流离失所，还经常被"代司杀者杀"，"代大匠斫"。

老百姓因"在上者"不断"以死惧之"而处于"常畏死"的悲惨地步，他们已经被迫走上"不畏死""不畏威"，而且可能铤而走险，给"在上者"带来"大威"的地步。

这种状况还会维持多久？导致这种严重对立的原因是什么？如何缓解？如何消除？如何使烽火止息，天下太平？如何让"在上者"政治清明，各司其职，治人、事天，循道而行？如何让"在下者""甘其食，美其服，安其居，乐其俗"，过上"虚其心，实其腹，弱其志，强其骨"的太平岁月？

相信这是老子在写《道德经》时不断思考的问题。而《德论》，就是他深入思考的结果。

老子为他们提出了什么样的治理方针和谋略呢？归纳下来，大体有如下诸项。

第一，要"不出户，知天下；不窥牖，见天道"，明确"天下有道，却走马以粪；天下无道，戎马生于郊"的道理，切合实际规划治国方略。（这里的"不出户、不窥牖"，是强调抓住治国根本，通晓天下大势，而不是主张脱离实际，闭门造车，更不是否认积极参与社会实践活动的重要性。）

第二，要善于"执大象，天下往"，抓纲治国，循道行事，"既得其母，以知其子；既知其子，复守其母"，创造"德交归""安平太"的社会环境，使人们都能够"两不相伤""往而不害"，彼此友好，和睦相处，如此才能够"长生久视""没身不殆"。

第三，要清楚自己在诸侯邦国之中的地位，处理好与邻国邻邦之间的睦邻关系。是大国大邦的，要甘居"下流"，做"天下之牝""天下之交"，"以静胜牡，以静为下"，懂得"不过欲，兼畜人"；小国小邦则要懂得"以下大邦，则取大邦"，懂得"不过欲，入事人"。即使"两者各得其所欲"，处于优势的大国者亦应展现大国的风度和担当，处处事事"宜为下"。

第四，要关心民瘼，体恤民情，顺遂民意，多做一些对老百姓有利的事。（1）"圣人常无心，以百姓之心为心"，"歙歙焉，为天下浑其心"；（2）"无狎其所居，无厌其所生"，让老百姓安居乐业；（3）"虚其心，实其腹，弱其志，强其骨"，"甘美食，美其服，安其居，乐其俗"，让老百姓衣食无忧；（4）"若使民常畏死而为奇者，吾得执而杀之"，将欺压老百姓的不法之徒绳之以法；（5）让"百姓皆注其耳目，圣人皆孩之"，最后达到"功成事遂，百姓皆谓：'我自然'"的目的，民心所向，比什么都重要。

第五，处置政务要出自公心，不以个人利害好恶判决是非。（1）要像"天地相合以降甘露，人莫之令而自均"，如此才能聚天下之才为我所用，"譬道之在天下，犹川谷之于江海"；（2）对人对事"不可得而亲，不可得而疏；不可得而利，不可得而害，不可得而贵，不可得而贱"；（3）"善者吾善之，不善者吾亦善之，德善。信者吾信之，不信者吾亦信之，德信"；（4）奉行天之道，"高者抑之，下者举之，有余者损之，不足者补之"，而尽量避免"损不足以奉有余"的"人之道"；（5）最好能像有道者那样"有余以奉天下"，为老百姓多做好事。

第六，要循道修德，明白"从事于道者，同于道；德者，同于德；失者，同于失。同于道者，道亦乐得之；同于德者，德亦乐得之；同于失者，失亦乐得之"的道理，从"修之于身""修之于家""修之于乡"逐步做起，直到"修之于邦""修之于天下"，使道、德观念由真到余，到丰，到普。不仅如此，还要忍辱负重，能够"受国之垢""受国之不祥"，成为真正的"社稷主""天下王"。

第七，要居安思危，防患于未然。（1）要知道"其安易持，其未兆易谋；其脆易泮，其微易散"，所以一定要"为之于未有，治之于未乱"；（2）一般来说，图谋不轨者都会用假象掩盖其真实企图，"将欲歙之，必固张之；将欲弱之，必固强之；将欲废之，必固兴之；将欲取之，必固与之"，治政者要有洞悉真相的本领，且能见微知著，预见其发展趋势（"微明"）；（3）一旦发现"化而欲作"（出现异常），就要果断地"镇之以无名之朴"（采取符合道义的强有力的措施扑灭它），使那些蓄意犯上作乱者不敢再有非分之想（"不欲"），那么天下自然就会清静下来，步入正轨了（"不欲以静，天下将自正"）。

第八，用兵：（1）"夫佳兵者，不祥之器，物或恶之，故有道者不处"，所以，"以道佐人主者，不以兵强天下"。原因何在？首先，"其事好还"，冤冤相报没完没了；其次，"师之所处，荆棘生焉；大军之后，必有凶年"，战争带给老百姓的是无穷的灾难；再次，"兵强则灭，木强则折"，武装力量过于强大也会走向自己的反面，招致灭亡。（2）即使万不得已要出兵作战，也只求"善有果而已"（达到目的即可），不以取强（不显示强大）、果而勿矜（不自以为是）、果而勿伐（不自吹自擂）、果而勿骄（不骄横狂妄）、果而不得已（不得已才用兵）、果而勿强（不逞强好胜）。（3）"恬淡为上，胜而不美"，更不"乐杀人"，因为"乐杀人者，则不可得志于天下矣"。

第九，最根本的是解决"其上食税之多"，导致"民之饥""民之难治""无以生为"，以致"民之轻死""民不畏死""民不畏危"，给在上者带来"大威"的问题。解决方案，一面是"无狭其所居，无厌其所生"，给老百姓留一条生路；另一面是肃清吏治，根除"朝甚除（官衙富丽堂皇），田甚芜，仓甚虚"，而有权有势者则"服文采，带利剑，厌饮食，财货有余"，贪赃枉法、骄奢淫逸的腐败现象。将那些"使民常畏死，而为奇"的"盗夸"（江洋大盗）"执而杀之"，根除诱发动乱之源。

第十，鉴于"大道废，有仁义；智慧出，有大伪"，"民多利器，国家滋昏；人多伎巧，奇物滋起；法令滋彰，盗贼多有"，"民之难治，以其智多"的反面教训，治政者推行所有的政策法令，都应是"非以明民，将以愚之"（不是要他们聪明智巧，而是要他们返璞归真）。

第十一，实施无为而治的治政方略：（1）"为无为，事无事，味无味"，保持一种闲散旷达的心态；（2）推行"闷闷"（宽容模糊）之策，引导"其民淳淳"（淳朴诚实）的风气，避免"其政察察"（苛刻严酷）导致"其民缺缺"（奸猾狡黠）的恶果；（3）"欲不欲，不贵难得之货"（轻财重道）；"学不学，复众人之所过"（补救众人之不足）；（4）"常无心，以百姓心为心"（一切顺应百姓之需求）；（5）"希言自然"（不随意发号施令），"守中"（稳重持诚）；（6）循道而行，德泽天下，如同"天地相合以降甘露，民莫之令而自均"；（7）"绝圣弃智，绝仁弃义，绝巧弃利"，"见素抱朴，少思寡欲，绝学无忧"，一切听其自然；（8）"太上，下知有之，其次，亲而誉之；其次，畏之；其次，侮之"，无视亲誉，避免"畏""侮"（民变），最好做到"不知有之"（让老百姓感觉不到"上"之存在）；（9）"鱼不可脱于渊"，水能载舟，亦能覆舟，永远不要背离民众；（10）"国之利器不示于人"，国家的权力重器不可以轻易动用（更不可交付他人）。

第十二，以身作则，树立表率。（1）谨小慎微（"行于大道，唯施是畏"）；（2）奉公守法（"法地""法天""法道""法自然"）；（3）持守三宝（"慈""俭""不敢为天下先"），重视"啬""早服""重积德"；（4）戒声色犬马（五色，五味，五音，畋猎……）；（5）生活节俭（"去甚，去奢，去泰"，不求"生生之厚"）；（6）忍辱负重（能够"受国之垢""受国之不祥"）；（7）待人处事出以公心（"不可得而亲，不可得而疏；不可得而利，不可得而害；不可得而贵，不可得而贱"）；（8）"知足（不辱）"，"知止（不殆）"，"知常（曰明）"，懂得"知常容，容乃公，公乃全，全乃天，天乃道，道乃久，没身不殆"；（9）诚信待人，不轻诺，不失信（"轻诺必寡信"）；（10）不贪虚名（明白"至誉无誉"，只让"下知有之"，其或"不知有之"）。

第十三，至治之极（愿景）："小国寡民。使有什佰之器而不用，使民重死而不远徙。虽有舟车，无所乘之；虽有甲兵，无所陈之。使民复结绳而用之。至治之极：甘其食，美其服，安其居，乐其俗。邻国相望，鸡犬之声相闻，民至老死，不相往来。"

这是一幅抓纲举目、囊括巨细的"治国取天下"的蓝图。

这里面，有分析，有判断，有规劝，有忠告，有方法，有警示，有方略，有标格，有愿景，它再充分不过地体现了老子敏锐的眼光，深刻的思想，丰富的治政经验和高超的政治智慧。而其中最闪亮之处，则是对当时天下政治局势、社会矛盾和社会问题的犀利观察和深刻分析。

其一是，整个周朝社会处于"大道废，有仁义；智慧出，有大伪；六亲不和，有孝慈；国家昏乱，有忠臣"，"天下多忌讳，而民弥贫；民多利器，国家滋昏；人多伎巧，奇物滋起；法令滋彰，盗贼多有"的混乱崩溃状态，已经到了危机四伏、民不聊生，社会矛盾和政治危机一触即发的危险地步。

其二是，整个社会的混乱和崩溃，是由于统治阶级"失道而后德，失德而后仁，失仁而后义，失义而后礼"造成的，统治阶级以"礼"治国，"忠信之薄"，乃是"乱之首"。也就是说，统治阶级的失道失德、失仁失义、骄奢淫逸、胡作非为，是导致天下大乱的根源，是社会矛盾、阶级矛盾和矛盾冲突的主要原因。

所以，其三，要解决社会矛盾，缓解阶级冲突，必须首先抓矛盾的主要方面，从解决"在上者"即统治阶级骄奢淫逸、胡作非为、争权夺利、权势兼并，从而引发尖锐的阶级矛盾和社会冲突的一系列恶行做起。

但老子也清醒地认识到，凭一己之力不可能扶大厦之将倾，挽狂澜于既倒。作为一介书生，他既无权力发号施令，改变天下由天子、"三公"之类统治一切的政治格局，也不可能振臂一呼号召"在下"的老百姓起来造反。他能做的，就是一面对受苦受难的百姓表示同情和安抚，希望他们能遇上好官、好君主、好帝王，过上安居乐业的好日子；一面为"在上"的统治阶级出谋划策，苦心孤诣地告诫他们如何治国安民，平定天下，以求"处上而民不重，处前而民不害，天下乐推而不厌"，"深根固柢，长生久视"，永享太平。

老子认为，"取天下"的重点，还是"在上者"的治政方针和谋略，其核心就是无为而治。而"无为"的目的，则是"无不为"。这是老子德论即政治观的精髓所在。

正因为如此，《道德经》才作为"内圣外王"之策[45]、"君人南面之术"[46]，受到历代帝王的高度重视。他们将《道德经》视为成王成霸的"帝王之书"，治国平天下的"万经之王"，不仅认真研读《道德经》，还精心为《道德经》作注。[47]历代政界、学界的学者专家，均给予老子的政治观以高度评价。汉唐以来多位朝廷重臣，如萧何、张良、曹参、贾谊、魏征、欧阳修、王安石、司马光、苏辙、刘伯温等，都对老子"无为而治""见素抱朴""治吏""安民""与民生息"等一系列治政方略有深入研究，并在实践中加以应用，缔造了一个又一个升平盛世，取得了辉煌的治理成果。

20世纪下半叶，经历两次世界大战的劫难之后，和平与发展成为众望所归的历史潮流。全球一体化使得老子的思想和理论如疾风迅雷，在短短数十年的时间内走向世界，受到世界各国学界、政界、思想界的普遍关注。从老子的治国理念中寻找治政、治国、治世良方，将自己的政绩归结于老子的启示、"提醒"和"教诲"，在宣传自己的政见时以引用老子的格言、警句和隽语为荣，已经在世界政局中形成一种新的风尚。这种现象，不仅频频出现在联合国的各种议题辩论之中，也多次出现在西方政要的国情咨文和竞选演说之中。我们深信，随着老子的治国理念和政治理念的传播，老子的整个思想和理论体系，将会在世界思想理论潮流中占据更为突出的位置。

（四）《道德经》中的人生论是完整深刻的理论体系

老子在《道德经》中除道、德之外，多处谈到人生问题，篇幅几近全文一半。而且在谈道论德的过程中，也不时与人相联系，揭示了许多深刻的人生哲理。

首先，他深刻指出，人是大自然的组成部分，宇宙万物、社会和人都是一个统一的整体，都在道的支配下"自然"运行，而大自然是没有任何感情和偏私的，不受任何人为因素的影响。所以，作为大自然的一个组成部分，人的一切活动必须严格遵循大自然的客观规律，务必按照自然规律办事。

其次，人所处的"天下"即我们今天所说的社会，由邦国、乡社、家庭及单一的个人所构成。作为"天下"的基本构成分子，人的一切活动也受上述各层因素的影响和制约，而最终则受道的支配。"天下有道"，就能过和平安宁幸福的生活；"天下无道"，则战乱不止，颠沛流离，无从安生。"大道废，有仁义；智慧出，有大伪；六亲不和，有孝慈；国家昏乱，有忠臣"。当"天下"处于"失道而后德，失德而后仁，失仁而后义，失义而后礼"、"忠信之薄"无以复加的乱世之际，"民不畏危"的"大威"就要降临，社会变革也迫在眉睫。每一个人，都不能不受到触动。

再次，由于在"天下"的地位不同，人被划分为圣人、天子、王侯、士、民（百姓）等不同层次。因人品不同，又可划分为圣人、善人、大丈夫、君子、赤子及不善之人。圣人"为无为，事无事，味无味"，他们"不出户，知天下；不窥牖，见天道……不行而知，不见而明，不为而成"，"居无为之事，行不言之教，万物作而弗始，生而弗有，为而弗恃，功成而弗居"，一心一意奉行"利而不害""为而不争"的"天之道"。王侯将相设天子、置三公，王公以孤、寡、不谷自称，是为了让天地神灵统统"得一"，即归道。士也有上、中、下三等之分："上士闻道，勤而行之；中士闻道，若存若亡；下士闻道，大笑之。不笑不足以为道。"他们的高下优劣，也以对道的认可和践行程度划分。民即百姓不见得懂道，但也需不断提高自己的素质，在或"闷闷"或"察察"的各种法令约束下循道行事，过上"甘其食，美其服，安其居，乐其俗。邻国相望，鸡犬之声相闻，民至老死，不相往来"的"小国寡民"式的平静生活。

但对作为"天下"一分子的所有个人来说，无论社会地位高低贵贱，都有一个共同的社会责任，就是学道、懂道、事事、时时、处处循道行事，力求得到道的养护，为创建一个天人合一的和谐世界而努力。

具体来说，要做到以下几点。

第一，明确自己的社会责任，确立自己的人生目标。人生目标的核心内容是向善、向道。善也是分品级的，要向"上善"看齐。"上善"是什么？"上善若水"。水的最大特性是"善利万物而不争，处众人之所恶，故几于道"。这个道是"天道"，是以"利而不害""为而不争"为特征的。圣人就是"为而不争"的代表。要达到圣人的标准，就要像圣人一样"居善地，心善渊，与善仁，言善信，政善治，事善能，动善时"；像圣人一样"善利万物而不争"，"生而弗有，为而弗恃，功成而弗居"；像圣人一样"常善救人，故无弃人；常善救物，故无弃物"；像圣人一样，推行"天之道，损有余而补不足"，能"有余以奉天下"；像圣人一样"不积"，"既以为人己愈有，既以与人己愈多"；像圣人一样"欲不欲，不贵难得之货。学不学，复众人之所过，以辅万物之自然而不敢为"。这是极高的精神境界，是所有人都应努力达到的目标。

第二，树立正确的人生观，自律、自强、自胜，向圣人看齐。

（1）道德观："孔德之容，惟道是从"；"执古之道，以御今之有。能知古始，是谓道纪"；"执大象，天下往"；"天下有始，以为天下母。既得其母，以知其子；既知其子，复守其母，没身不殆"；"道生之，德畜之，物形之，势成之"；"上德不德，是以有德；下德不失德，是以无德。上德无为而无以为；下德为之而有以为。上仁为之而无以为；上义为之而有以为。……故失道而后德，失德而后仁，失仁而后义，失义而后礼。夫礼者，忠信之薄而乱之首也；前识者，道之华而愚之始也"。

（2）辩证观："有物混成，先天地生。寂兮寥兮，独立而不改，周行而不殆，可以为天地母。吾不知其名，强字之曰道，强为之名曰大。大曰逝，逝曰远，远曰反。故道大，天大，地大，人亦大。域中有四大，而人居其一焉。人法地，地法天，天法道，道法自然"；"天下之至柔，驰骋天下之至坚。无有入无间"；"兵强则灭，木强则折。坚强处下，柔弱处上"；"将欲歙之，必固张之；将欲弱之，必固强之；将欲废之，必固兴之；将欲取之，必固与之。是谓微明。柔弱胜刚强"。

（3）生死观："以其不自生，故能长生"；"出生，入死"；"人之生，动之于死地亦十有三。夫何故？以其生生之厚"，"善摄生者身无死地"；"夫唯无以生为者，是贤于贵生"；"人之生也柔弱，其死也坚强；草木之生也柔脆，其死也枯槁。故坚强者死之徒，柔弱者生之徒"；"物壮则老，谓之不道。不道早已"。

（4）荣辱观："宠辱若惊，贵大患若身。何谓宠辱若惊？宠为下，得之若惊，失之若惊，是谓宠辱若惊。何谓贵大患若身？吾所以有大患者，为吾有身，及吾无身，吾有何患？故贵以身为天下，若可寄天下；爱以身为天下，若可托天下。"

（5）苦乐观："五色令人目盲；五音令人耳聋；五味令人口爽；驰骋畋猎，令人心发狂；难得之货，令人行妨。是以圣人为腹不为目，故去彼取此"；"虽有荣观，燕处超然"；"治人事天，莫若啬。夫唯啬，是谓早服。早服谓之重积德，重积德则无不克"。

（6）得失观："故知足之足，常足矣"；"持而盈之，不如其已；揣而锐之，不可长保。金玉满堂，莫之能守；富贵而骄，自遗其咎"；"甚爱必大费，多藏必厚亡。故知足不辱，知止不殆，可以长久"；"为者败之，执者失之。是以圣人无为故无败，无执故无失"。

（7）福祸观："祸兮，福之所倚；福兮，祸之所伏，孰知其极？其无正也。正复为奇，善复为妖。人之迷，其日固久"；"祸莫大于不知足，咎莫大于欲得"。

（8）盈虚观："致虚极，守静笃"；"曲则全，枉则直，洼则盈，敝则新，少则得，多则惑"；（"余食赘行"）"物或（惑）恶之，故有道者不处"；"保此道者，不欲盈。夫唯不盈，故能蔽而新成"。

（9）进退观："知其雄，守其雌"，"知其白，守其黑"，"知其荣，守其辱"；"不敢为天下先"；"欲上民，必以言下之；欲先民，必以身后之"；"处上而民不重，处前而民不害，天下乐推而不厌"；"慈，故能勇；俭，故能广；不敢为天下先，故能成器长。今舍慈且勇，舍俭且广，舍后且先，死矣！夫慈，以战则胜，以守则固。天将救之，以慈卫之"；"功成身退，天之道"。

（10）善恶观："（天下）皆知善之为善，斯不善已"；"是以圣人常善救人，故无弃人；常善救物，故无弃物"，"故善人者，不善人之师；不善人者，善人之资"；"善者不辩，辩者不善"；"天道无亲，常与善人"；"若使民常畏死，而为奇者，吾得执而杀之，孰敢？常有司杀者杀"；"天网恢恢，疏而不失"。

（11）愚智观："不贵其师，不爱其资，虽智，大迷"；"沌沌兮，如婴儿之未孩；儽儽兮，若无所归。众人皆有余，而我独若遗。我愚人之心也哉！俗人昭昭，我独昏昏。俗人察察，我独闷闷。众人皆有以，而我独顽且鄙。我独异于人，而贵食母"；"知者不言，言者不知"；"知者不博，博者不知"；"夫唯无知，是以不我知。知我者希，则我者贵"；"知不知，上矣；不知知，病也。圣人不病，以其病病。夫唯病病，是以不病"。

（12）知行观："为学日益，为道日损。损之又损，以至于无为"；"不出户，知天下；不窥牖，见天道。其出弥远，其知弥少。是以圣人不行而知，不见而明，不为而成"；"故从事于道者，同于道；德者，同于德；失者，同于失。同于道者，道亦乐得之；同于德者，德亦乐得之；同于失者，失亦乐得之"；"上士闻道，勤而行之；中士闻道，若存若亡；下士闻道，大笑之。不笑不足以为道"；"修之于身，其德乃真；修之于家，其德乃余；修之于乡，其德乃长；修之于国，其德乃丰；修之于天下，其德乃普。故以身观身，以家观家，以乡观乡，以国观国，以天下观天下"。

由上述内容可以看出，《道德经》中有关人生观的一系列论述，是一个完整、深刻的理论体系。它涉及"社会人"的方方面面，富含哲理、充满智慧，堪称修身齐家治国平天下的百科全书和行为指南。其中许多格言警句、至理名言，已经广泛融入我们的生活，成为大家的行为准则。

哲学的根本宗旨是全面彻底地认识人、认识世界、认识人与世界的关系。尽管先哲们出于不同的哲学理念，对"哲学"一词有多种不同的解释，对哲学的宗旨也有各自不同的界定，但从根本上来说，还是要包括这三大方面。人生观即集中反映人对这三大方面知识的认知和领悟。

植根于实践是哲学的活力所在。实践的内容包括认识世界、认识自己、改进主观世界和客观世界的关系，即不断提高自己认识世界、适应世界的能力三大方面。实践的目的是实现人与自然、人与社会的高度和谐，最终达致"天人合一"的理想境界。这是老子人生观的核心所在。

老子的人生观同他的政治观一样，实质上是积极、进取的。即使"无为""不争""戒欲""知足"，也不是教人满足于已有的一切，而是警示人们认识和尊重事物发展的客观规律，不要做逆流而动的蠢事。这与庄子哲学中的"心斋""坐忘"，儒家哲学中的"自省""慎独"，佛教中的"色空""顿悟"，以及西方哲学中的"受洗""忏悔"，都有根本的区别。全面系统地掌握老子人生观的"要义"，对于提高个人素质、协调人际关系、优化社会人文环境、推进社会整体的进步，都有不容忽视的重大意义。

（五）现有的《道德经》文本可能只是"未竟稿"

《道德经》问世以来文本屡经变化，从目前能见到的六种主要文本看，经后人增加充实的内容不少，因而很难说究竟哪一种文本与"母本"最为接近。

六种主要文本除楚简本之外，其余五种又分为《道德经》和《德道经》两种。项羽妾本、河王通行本和龙兴观本属于第一种，马王堆帛书本和北大汉简本属于第二种。项羽妾本是经唐傅奕"修订"过的，原貌如何，已经很难见到。但它出现在楚汉相争之际，则是可以肯定的。如果不是傅奕在篇章结构上对它做了大的改动，说明早在汉代以前，它就以《道德经》的形式广为流传了。如果河上公授汉文帝"素书"不是神话传说，则很可能使用的是与项羽妾本相近的文本。

汉代中期就有严遵的《老子指归》和河上公的《老子章句》同时流传，表明《道德经》文本的问世时间更早，也表明刘歆《七略》中所说刘向"勘定"《道德经》为两篇八十一章是可能的，河王通行本极可能是刘向所勘定的文本。马王堆帛书出土之后，许多人将其作为权威文本看待，并以其中多处文字与《道德经》不同为理由，而得出《道德经》

"篡改"了《德道经》因而背离了老子"本义"的结论。这显然是站不住脚的。楚简本出土，因问世更早，文字更接近母本，有学者便将其视为标准，甚至用它去对别的文本"纠错"。这种做法亦略显草率。因为楚简本本身的字数、内容都十分简略，"道论"部分基本上是空白，将其视为标准，显然缺乏令人信服的理由。

相反，如果把六种主要文本按照出现年代顺序排列起来对照阅读，便会清楚地看到历代老学研究者们对《道德经》文本不断进行增删、修改、润色和完善的痕迹，直至汉魏之后才渐趋稳定，传世两千年的河王通行本"历史层积"的成果非常明显。通行本不见得就是标准，东汉以来对《文子》和《道德经》真伪的争议已经做了最好的证明。在没有《道德经》的母本即老子所写的真本之前，宣称任何文本为标准，都是不妥当的。

而从六种主要文本，尤其是广为人知的河王《道德经》和马王堆《德道经》的文字、内容和结构看，去向不明的《道德经》母本，很可能是一篇随笔式的"未竟稿""急就章"，甚至是另外一部哲学鸿篇巨制的写作提纲。

我们做出如此判断的根据之一是，统观全文，许多立论、阐述文字十分简约，一般都是点到为止，并未充分展开议论。这同文中多处浓墨重彩的精辟议论相对比，即可发现。

例如"道可道，非常道；名可名，非常名"一段，一口气提出"道""名""无""有"等四个（或更多）重要哲学概念，并对它们做出简单定义，还阐述了"常无"和"常有"之间的区别和联系，归结出"无"和"有"是"同出而异名"，其根源都是"众妙之门"（道）。如此丰富复杂的内容，统共只用了寥寥五十九个字。

再看"天地不仁，以万物为刍狗；圣人不仁，以百姓为刍狗。天地之间，其犹橐龠乎？虚而不屈，动而愈出。多言数穷，不如守中"一段，从天地到万物、圣人到百姓，到天地之间"虚而不屈，动而愈出"，进而引申至"多言数穷，不如守中"，同样丰富复杂的内容，只有四十五个字。

还有"谷神不死，是谓玄牝。玄牝之门，是谓天地根。绵绵若存，用之不勤"，"天长，地久。天地所以能长且久者，以其不自生，故能长生。是以圣人后其身而身先；外其身而身存。非以其无私邪？故能成其私"，"上善若水。水善利万物而不争，处众人之所恶，故几于道。居善地，心善渊，与善仁，言善信，政善治，事善能，动善时。夫唯不争，故无尤"……这些段落都言简意赅到极致，必须做大量诠释才能把其中蕴含的丰富含义阐述清楚。

反观以下几段：

"载营魄抱一，能无离乎？专气致柔，能如婴儿乎？涤除玄鉴，能无疵乎？爱国治民，能无为乎？天门开阖，能为雌乎？明白四达，能无知乎？"

"古之善为道者，微妙玄通，深不可识。夫唯不可识，故强为之容：豫兮若冬涉川；犹兮若畏四邻；俨兮其若客；涣兮其若凌释；敦兮其若朴；旷兮其若谷；混兮其若浊；澹兮其若海；飏兮若无止。孰能浊以静之徐清？孰能安以动之徐生？保此道者，不欲盈。夫唯不盈，故能蔽而新成。"

"唯之与阿，相去几何？美之与恶，相去若何？人之所畏，不可不畏？荒兮，其未央哉！众人熙熙，如享太牢，如春登台。我独泊兮，其未兆。沌沌兮，如婴儿之未孩；傫傫兮，若无所归。众人皆有余，而我独若遗。我愚人之心也哉！俗人昭昭，我独昏昏。俗人察察，我独闷闷。众人皆有以，而我独顽且鄙。我独异于人，而贵食母。"

这里有叙述，有议论，有抒情，有表白，从艺术手法来说，排比、设问、夸张、比喻无一无之，可谓赋、比、兴俱全。这是只有激情澎湃的诗人才会拥有的抒情笔调，其感染力绝不亚于《诗经》《楚辞》。如果把它们剥离出去，谁能想到这是出自一位惜墨如金严肃冷静的哲人手笔？如此文情并茂的精彩章节，在《道德经》中起码不下二十来处。

很明显，前面那些简约之笔，都是提纲挈领式的随笔记载，有待进一步补充发挥。而那二十来处浓墨重彩的精雕细刻，则是作者构思大件时迸发出的思想火花和激情倾注。这是构制鸿篇巨著过程中不可或缺的重要一环，也是作者随机捕捉的灵感记录。凡写过大块文章或大部头著作的作者，大概都有这样的经验和体会。

根据之二是，文中许多地方内容重复，甚至连文字都原样照搬。而另外一些章节则出现不少文字跳跃、内容断裂的现象。这显然是构思过程中的"急就""随想"之笔以及对一些内容的穿插安放举棋不定的表现。例如："作而弗辞，生而弗有，为而弗恃，功成而弗居"，"生而不辞，功成而不有"，"为而不恃，功成而不处"，就在全篇中三次重复；"信不足焉，有不信焉"，"可名于小，可名为大"及"我道大，似不肖。夫唯大，故似不肖"，"报怨以德"，"侯王自谓孤、寡、不谷"及"唯孤、寡、不谷，而王公以为称"等，均在文中出现两次；"道生之，德畜之，物形之，势成之。是以万物莫不尊道而贵德……故道生之，德畜之；长之育之；成之熟之；养之覆之……是谓玄德"一段，更出现了数处重复。

如此明显的"重复"，在寥寥五千言的文章中多次出现，与其他多处思维严谨、逻辑绵密的文字形成强烈对照。这在深思熟虑的成文文章中是不可能出现的，特别是出自老子这样的语言文字大家之手。

尤其需要强调的一点是，当时的写作工具只有刀笔，材料只有竹简。如此内容完全相同，连文字都没有多大变化的重复，只能让人理解为有意为之。这清楚表明老子还没有决定安放它们的合适位置。

再看"道生一，一生二，二生三，三生万物。万物负阴而抱阳，冲气以为和"一段，本是叙述万物生成过程的，下一句却跳跃到"人之所恶，唯孤、寡、不谷，而王公以为称"，然后是"故物或损之而益，或益之而损"，结尾竟然是"人之所教，我亦教之：强梁者不得其死，吾将以为教父"。如此内容芜杂、文字跳跃、逻辑断裂的现象，在全文中并不止此一处。

还有"其安易持，其未兆易谋；其脆易泮，其微易散"一段，似乎是谈"为之于未有，治之于未乱"的，下面却是："合抱之木，生于毫末；九层之台，起于垒土；千里之行，始于足下"；"民之从事，常于几成而败之。慎终如始，则无败事"；"为者败之，执者失之。是以圣人无为故无败，无执故无失"；"是以圣人欲不欲，不贵难得之货；学不学，复众人之所过。以辅万物之自然而不敢为"。在这些三连跳四连跳的拼接版图之中，很难看到任何逻辑联系和过渡线索。

有人用"错简"为理由解释上述为文现象，这种说法很难令人信服。偶尔"错简"的现象会有，但从头到尾多处"错简"，就有些不大可能了。从目前已经发现的商周大量竹简来看，一般每简都只写一行，大约十字左右。也有写双行的，但每简亦不超过二十个字。只有清华竹简中有每简二十二至二十四字的。而四十二章有六十二字，六十二章有一百二十五字。那么长的文字，即使分为两三个段落，也绝不是一支简或两支简写得下的。而这些竹简上的文字还互相连贯，极少断裂，可以并不费力地排列出竹简顺序。所以，"错简"的可能性在这里基本不存在。

我们在对河王通行本全文翻译的过程中，就感到很难将这些内容连缀在一起，而不得不用各种连接词和插入语作牵强附会的"串说"，目的是帮助读者首先"读懂"这些文字。但我们自己也很清楚，这样做，其实是把提纲当文章来解读，很难符合老子的"本义"。就像任继愈先生所说，"解读"出的不是老子的而是我们自己的《道德经》。这也是不得已而为之，我们只能向读者致歉。

不过，仔细通读《道德经》或《德道经》全文，可以很明显地感觉到，这些"重复"和"混杂"并非无意疏忽，而极可能是老子有意为之。它表明老子对某些观点的确立和素材的使用，还处在举棋不定的意向阶段，没有最后确定它们的合适"位置"。这也是一般写作大型著作的常见步骤。五千言《道德经》在以刀笔竹简为写作工具的当时，已经是鸿篇巨著了，老子不可能一挥而就。

这也从另一个角度证明，《道德经》不是成文，而可能是"提纲"。

根据之三是，无论《道德经》还是《德道经》，不仅内容重复、思维跳跃、逻辑断裂的语句段落很多，全篇的整体结构也显得松散、凌乱。最引人注目之处是对"道""德"缺乏清楚区分，通篇到底几乎都如范若愚所说，是"德"中有"道"，"道"中有"德"，"德道混说"，很难直接划分章节和段落，更不容易题写篇名、章名。

从先秦诸子的著作看，无论道家还是其余诸子，引用诠释《道德经》只称"老子"或"老子曰"，从未见到标出篇名章名。至秦汉方有《道经》《德经》之说，如严遵《老子指归》分上经（德）下经（道）称"二经目"，河上公的《老子章句》原称"素书二卷"或"章句四卷"，不分章。流传下来的严遵《老子指归》七卷四十篇，开始出现类似《论语》那样以每章开首几字命名的章题（如"上德不德篇""得一篇"等）。河王（一说刘向）将《道德经》划分为两篇八十一章，并且逐章命名，无论用什么理由解释，都很难令人苟同。

个中原因很简单：老子并没有循规蹈矩、按部就班地写文章，而是首先将他所需要的素材罗列在一起，准备进一步组织编排。许多章节，连内容都没有最后确定，如何为它们归纳章题？仔细审视，河王题写的许多章题，几乎和内容毫无关联，将全文强分为《道经》和《德经》两篇更不合理。

这一点，大概早在皇甫谧写《高士传》的时候就发现了。他在文中特意注明："素书《老子道德经》二卷，原注不分章。"可惜并没有引起后世学者们的注意。

魏晋之后，尤其是唐宋时期，为《道德经》题写章题始成风气，许多注本都有章题。这些章题大体可分为两大类：一类是"论语式"，只取章首三至五字；另一种是"河王式"，挖空心思另外命题。只有唐傅奕比较讨巧，以每章字数命题，如"第一章五十九言""第二章九十三言"等，大约也是发现命题不易了吧。

最先明确指出《道德经》内容繁杂、"道德混说"的是宋代道教学者邵若愚。他在《道德真经直解·叙事》中写道：《史记》写老子为关令尹"著书上下篇，言道德之意五千余言而去"，后人因袭司马迁之说，称上卷说道，下卷说德，"今以理考，道德混说，无上下篇，此史辞之流言，今以除去"[48]。表现了一个严肃学者的治学态度的严谨和果断。

著名学者胡适直指："这书原来是一种杂记体的书，没有结构组织。今本所分篇章，绝非原本所有，其中有许多无道理的分段如……读者当删去某章某章等字，合成不分章的书，然后自己去寻一个段落分断出来。……又此书中有许多重复的话和许多无理插入的话，大概不免有后人妄加妄改的所在。"[49]

文学家林语堂先生评价："老子的隽语，像粉碎的宝石，不需装饰便可自闪光耀。可以说世界上最伟大的警句制造者之一就是老子。他的书中那些新颖、明确并让人难忘而又似是而非的话可以说处处可见。"[50]隽语"像粉碎的宝石"，说明"宝石"尚未整合成一个完整的成品。"世界上最伟大的警句制造者之一"写出的也只是"警句"而不是文章。林语堂的赞颂有明显的保留，"他的书中那些新颖、明确并让人难忘而又似是而非的话可以说处处可见"，才是对老子书的真实评价。

根据之四是，从《道德经》和《德道经》来看，无论是前文还是后文，都是用一个"道"字贯穿全篇，但对"道"和"德"都没有给出明确定义，更没有集中加以论述。

《道德经》中提及"道"字的地方有七十三处（加篇题七十四处），分散在全文将近四十个段落之中，提及"德"的地方有四十处，也分散在全文多处。即使在这两个范围之内，对"道"与"德"也没有集中论述，而如邵若愚所指"道德混说"。

不仅如此，在涉及"道"与"德"这两个概念的界定和含义时，多番解释也不尽相同。例如"道"，就有"道可道，非常道""道者，万物之奥，善人之宝，不善人之所保""渊兮，似万物之宗；湛兮，似或存""虚而不屈，动而愈出""天地之间，其犹橐龠乎？""天之道，其犹张弓欤？""譬道之在天下，犹川谷之于江海"等多种描述。

最典型不过的是如下两段：

视之不见，名曰夷；听之不闻，名曰希；搏之不得，名曰微。此三者不可致诘，故混而为一。其上不徼，其下不昧，绳绳兮不可名，复归于无物。是谓无状之状，无物之象，是谓惚恍。迎之不见其首，随之不见其后。执古之道，以御今之有。能知古始，是谓道纪。

有物混成，先天地生。寂兮寥兮，独立而不改，周行而不殆，可以为天地母。吾不知其名，强字之曰道，强为之名曰大。大曰逝，逝曰远，远曰反。

第一段浓墨重彩，"道"的形象是那样鲜明，"始制其名"几乎顺理成章了，但老子却戛然收笔，并不点明"道"是什么。

第二段又先是生动描写了"道"的生成，"道"的特性，"道"的运行，称其"可以为天地母"，似乎要说"这就是道"了。不料运笔至此，却峰回路转，迳称"吾不知其名，强字之曰道"。"强字之曰道"觉得不合适，还要"强为之名曰大"。这一"大"不打紧，又引出一连串"同名"："曰逝""曰远""曰反"。把"大—逝—远—反"串在一起，恰恰对应了"道"的特性："独立而不改，周行而不殆"。

这是有意闪烁其词玩弄笔墨，还是苦心孤诣引而不发，启示读者从感性认识切入，深刻理解"道"的神秘莫测和丰厚底蕴？大概只有老子自己心中清楚。

对"德"的诠释同样如此。

"太上，下知有之；其次，亲而誉之；其次，畏之；其次，侮之。"这里没有提"德"，但很明显就是指"在上"者的治政方式和效果，属于"德"的范畴。

"孔德之容，唯道是从"——"德"与"道"系从属关系，"德"受"道"的支配和制约。

"从事于道者，同于道；德者，同于德……同于德者，德亦乐得之"——"道"与"德"相提并论。

"上德不德，是以有德；下德不失德，是以无德"；"上德无为而无以为，下德无为而有以为"——"德"即治理方式有上下两等之分。

"道生之，德畜之"；"道之尊，德之贵，夫莫之命而常自然"——一生一养，一尊一贵，分工不同，待遇（尊，贵）也有一定区别。

在"善者吾善之，不善者吾亦善之，德善。信者吾信之，不信者吾亦信之，德信"中，则作动词用，意为"得到，获得"。

而"德"究竟是何意涵，始终没有明确诠释。

不仅如此，在论及"德"与"道"的过程中，又多次涉及人生观和方法论。如从"天长地久"联系到"（圣人）无私，故能成其私"，从"持盈""揣锐"联系到"富贵而骄"和"功遂身退"，从"有物混成，先天地生"发挥到"人、地、天、道"之间的关系,由"得一"(得道)的重要性牵涉到"贵以贱为本,高以下为基",以至发挥到"至誉无誉""不欲琭琭如玉,(而宁愿)珞珞如石",等等。

这些铺排,都与文中那些逻辑严密、概念分明、文辞优美的段落,形成十分鲜明的对照,呈现出截然不同的写作状态和用意。全篇属于"急就章"的特色尤为醒目。

除上述四条根据之外,还有一个非常重要的参照物,那就是与老子同时或活动年代相近的诸子著作。

打开先秦诸子著述,无论是同老子活动年代相近的《文子》(辛钘)、《列子》(列御寇)、《晏子春秋》(晏婴)、《论语》(孔子)、《墨子》(墨翟)、《孙子》(孙武)、《鬼谷子》(王诩)、《国语》、《左传》(左丘明),还是比老子生卒年稍后的《庄子》(庄周)、《孟子》(孟轲)、《荀子》(荀况)、《韩非子》(韩非),都是结构紧凑、内容集中、逻辑严密、条理分明,行文技巧相当成熟和高明。而这些行文高手中的许多人,都以身为老子的"学生"为荣。

再上溯历史,在《道德经》问世一百多年以前,就有《管子》(管仲)那样成熟的论著问世。更早的是周朝创建初姜尚的《六韬》,比《道德经》问世要早五百多年。这些著作中论述问题均相当集中,行文逻辑也十分严谨,说明《道德经》问世时,社会上流行的文风已经颇为成熟。尽管经多位专家考证,这些典籍中许多都由后人辑录而成,但其"底本"没有《道德经》那种"急就章"和"未竟稿"的痕迹,则是显而易见的。

上述事实足以表明,现在看到的所有《道德经》文本,包括帛书本和通行本在内,都只是一块正在加工过程中的"毛坯",一方有待仔细雕琢的璞玉,尽管价值连城、灿烂夺目,却不能把它作为一件"成品"看待。至于老子为何没有一气呵成,把它写成一篇连贯、完整、结构严密、逻辑分明、浑然一体的鸿篇巨著,我们就无从得知了。

《道德经》初问世之时,似乎并未引起什么争议。它只是作为当时百家争鸣中独树一帜的"一家"引起人们注意,并很快形成一个以道家自称的学派。随着历史进程的发展变化,道学队伍也不断地发展壮大,至今已经形成磅礴于全世界的文化洪流。但由于史籍资料对其作者老子的记载十分缺乏，因而引起了长达两千多年的各种争议，至今仍然莫衷一是。《道德经》的文本也屡经传抄，出现了许多不同的文本，至今亦难以断定何者与原作最为接近。

看来，要看到《道德经》原貌，认定它的作者是谁，并且探究这则文字至简而蕴涵至丰的"未竟稿"正式成文之后是什么样的鸿篇巨著，还真不是一件容易的事。但既然这篇"未竟稿"已经勾画出它的清晰轮廓，且在中外文化史上产生了警世撼俗的巨大影响，那么，我们大可以怀着高山仰止的心情，向它的作者致以崇高的敬意。有些历史悬案一时尚难得出结论，那就留给未来好了。遗憾往往能转换为激发学者们继续深入研究的动力。

注释：

1. 李世东、陈应发、杨国荣：《老子文化与现代文明》，中国社会出版社 2008 年版。

2. 陈鼓应：《道家在先秦哲学史上的主干地位》，《中国文化研究》1995 年第 2 期。

3. ［西汉］董仲舒：《春秋繁露》，中华书局 2012 年版。

4. 《辞海》（1989 年版）中"理学"条称理学为"道学"，对宋明理学有简要介绍。明清学者黄宗羲的《宋元学案》和《明儒学案》亦可参。

5. ［西汉］司马谈：《论六家要旨》，见［西汉］司马迁《史记·太史公自序》，岳麓书社 2008 年版。

6. ［东汉］班固：《汉书·艺文志》，商务印书馆 1955 年版。

7. 陈鼓应：《道家在先秦哲学史上的主干地位》，《中国文化研究》1995 年第 2 期。

8. 〔德〕黑格尔：《哲学史讲演录》，商务印书馆 1978 年版。

9. 〔英〕汤因比：《人类与大地母亲》，上海人民出版社 2002 年版。

10. ［西汉］戴圣：《礼记·礼运》；《孔子家语·礼运》篇有同样记载。

11.［战国］庄周:《庄子·马蹄》，中华书局 1985 年版。

12.《李斯〈谏逐客书〉贾谊〈治安策〉注译》，人民出版社 1975年版。

13.［东晋］陶潜:《陶渊明集》，逯钦立校注，中华书局 1979 年版。

14.《老子道德经河上公章句》，王卡点校，中华书局 1993 年版。

15.［魏晋］王弼:《老子注》，中华书局 2008 年版。

16. 贾延清、李金泉编:《唐玄宗御注道德真经》，中央编译出版社 2013 年版。

17.［北宋］赵佶注:《宋徽宗道德真经解义》，章安解义，万曼璐点校，华东师范大学出版社 2016 年版。

18.［元］吴澄:《道德真经吴澄注》，黄曙辉点校，华东师范大学出版社 2010 年版。

19.［清］魏源:《老子本义》，商务印书馆 1937 年版。

20. 任继愈:《老子新译》，上海古籍出版社 1985 年版。

21. 萧天石:《道德经圣解》，华夏出版社 2007 年版。

22.［战国］荀况:《荀子·儒效》，中华书局 2011 年版。

23.《春秋时期奴隶社会的瓦解》，载朱绍侯、齐涛、王育济主编《中国古代史（第 5 版）》上册，福建人民出版社 2010 年版。

24.［西汉］司马迁:《史记太史公自序》，中华书局 1975 年版。

25. 见《史记·老子韩非列传》;《孔子家语·观周》等典籍中有同样记载。

26.《庄子·天道》，中华书局 1985 年版。

27.［晋］庾亮:《让中书令表》，载［梁］萧统《昭明文选》卷三十八，李善注，商务印书馆 1936 年版。

28.［宋］沈遘（适，1025—1067），沈括之侄，诗人，少有文名。《宋史》有本传，有诗词全集存世。

29.［宋］胡仔:《苕溪渔隐丛话》，商务印书馆 1937 年版。

30. 马克思:《〈黑格尔法哲学批判〉导言》，选自《马克思恩格斯全集》第 1 卷，人民出版社 1972 年版。

31. 恩格斯:《路德维希·费尔巴哈和德国古典哲学的终结》,人民出版社 2014 年版。

32.〔古希腊〕第欧根尼·拉尔修:《名哲言行录》,徐开来、溥林译,广西师范大学出版社 2010 年版。

33.〔美〕撒穆尔·伊诺克·斯通普夫、詹姆斯·菲泽:《西方哲学史》(第七版),丁三东等译,中华书局 2005 年版。

34.〔英〕罗素:《西方哲学史》,商务印书馆 1963 年版。

35.〔春秋〕辛钘:《文子·自然》,见《通玄真经》,商务印书馆 1936 年版。

36. 朱海雷:《尸子译注》,上海古籍出版社 2006 年版。

37. 金岳霖:《论道》,商务印书馆 2017 年版。

38.〔美〕卡普拉:《物理学之"道"——近代物理学与东方神秘主义》,朱润生译,中央编译出版社 2012 年版。

39.〔日〕汤川秀树:《旅人:一个物理学家的回忆》,周林东译,河北科学出版社 2000 年版。

40.〔英〕史蒂芬·霍金、〔美〕列纳德·蒙洛迪诺:《大设计》,吴忠超译,湖南科技出版社 2011 年版。

41. 北京师范大学院校欧洲哲学史编写组编:《欧洲哲学史》,广西人民出版社 1980 年版。

42. 冯友兰:《中国哲学史》,华东师范大学出版社 2015 年版。

43.〔德〕黑格尔:《哲学史讲演录》第一卷,贺麟、王太庆译,商务印书馆 1978 年版。

44.《史记·老子韩非列传》载:"老子者……周守藏室之史也。"索隐按:藏室史,周藏书室之史也。又张苍传"老子为柱下史",盖即藏室之柱下,因以为官名。《张丞相列传》:"秦时为御史,主柱下方书。"司马贞《史记索隐》:"周、秦皆有柱下史,谓御史也。所掌及侍立恒在殿柱之下,故老子为周柱下史。"

45. 语出《庄子·天下》:"是故内圣外王之道,暗而不明,郁而不发,天下之人,各为其所欲焉,以自为方。"

46. 见班固《汉书·艺文志》："道家者流盖出于史官，历记成败存亡祸福古今之道，然后知秉要执本，清虚以自守。卑弱以自持，此君人南面之术也。"

47. 据记载，历史上有八位皇帝为《道德经》作注，他们是：魏孝文帝拓跋宏（元宏）、梁武帝萧衍、梁简文帝萧纲、梁元帝萧绎、唐玄宗李隆基、宋徽宗赵佶、明太祖朱元璋、清顺治帝爱新觉罗·福临。唐玄宗李隆基还在五十岁和七十岁时两注《道德经》。

48. ［唐］释道世《法苑珠林》第四册卷55《破邪灾第六十二辩圣真伪第一》、释道宣《广弘明集》卷1《归正篇》均引《吴书》："（阚泽对孙权曰：）至汉景帝以《黄子》《老子》义体尤深，改子为经，始立道学，敕令朝野悉讽诵之。"

49. 胡道静主编：《十家论老·胡适论老子》，上海人民出版社2006年版。

50. 林语堂：《老子的智慧》，黄嘉德译，陕西师范大学出版社2006年版。

第四章 《道德经》与文学和艺术

一、《道德经》与中国文学

《道德经》与文学结缘，可以说是从其问世之后被诸子百家注释引用时就开始了。打开一部道学研究史，可以看到，几乎所有注释《道德经》的注本，都是观点鲜明、义理深刻、逻辑严谨、文辞优美的文学艺术佳作，堪与各种形式的文学艺术作品相媲美，其中《文子》《庄子》《韩非子》《吕氏春秋》《淮南子》最为出色。

《文子》十二篇和《韩非子》中的《解老》篇，是众所周知的"颂道"美文。《庄子》中的《大宗师》《齐物论》《天地》《天道》《天运》，《韩非子》中的《解老》《喻老》，不仅是立论奇警的论道篇章，也是文辞优美的抒情散文。《庄子》书中开阔的思路、奇幻的想象、深远的意境和优美的文辞，得到鲁迅高度赞赏，称"其文则汪洋辟阖，仪态万方，晚周诸子之作，莫能先也"[1]。而这一评价，对许多优秀的《道德经》注释之作来说，都是受之无愧的。

成书于秦始皇统一中国前夕的《吕氏春秋》，是中国历史上第一部有组织、有计划地编写的文集。全书分十二纪、八览、六论三大部分，共计一百六十篇，是史上少有的鸿篇巨制。它以道家理论为主干，取儒、名、法、墨、农、兵、杂、阴阳诸家的思想学说为素材，熔诸子百家学说为一炉，内容涉及春夏秋冬四时变换和相应的人事安排（体现道家天人合一思想），人的价值观念、人际关系和个人修养（体现老子的修道理念），人的行为尺度、处事准则、情境条件和处世方式（体现老子的修道方法）等天、地、人三大层次，集中表述道法自然之意，试图由此归纳出治乱存亡的历史经验，形成对寿夭吉凶原因的深层认识，解释并验证天地人之间的一切现象，把是与非、可与不可的道理呈现于人。

吕不韦认为要以老子所说的天道和人事结合治理天下，强调"天无私覆也，地无私载也，日月无私烛也，四时无私行也。行其德而万物得遂长焉"（《去私》）；"天下，非一人之天下也，天下之天下也。阴阳之和，不长一类；甘露时雨，不私一物；万民之主，不阿一人"（《贵公》）；"民无道知天，民以四时寒暑日月星辰之行知天……人臣亦无道知主，人臣以赏罚爵禄之所加知主。主之赏罚爵禄之所加者宜，则亲疏远近贤不肖皆尽其力而以为用矣"（《当赏》）。如此一来，天道和人事得以吻合，即可以得到天下"大顺"，长治久安。《吕氏春秋》大量吸收道家虚静无为之说，并把它运用于为君之道的政治理念中，主张"君也者，处虚素服而无事，故能使众智也……无智，无能，无为，此君之所执也"（《似顺》）；"天子不处全，不处极，不处盈。全则必缺，极则必反，盈则必亏"（《不苟》）。吕不韦认为人的养生之道，就是"能养天之所生而勿撄之"，因此，他的养生不是庄子学派的那种消极的回归自然，而是黄老道家积极实现人文建设的目的——"始生之者，天也；养成之者，人也"（《本生》）。

据司马迁《史记·吕不韦列传》载，书成之后，吕不韦自己"以为备天地万物古今之事，号曰吕氏春秋。布咸阳市门，悬千金其上，延诸侯游士宾客有能增损一字者予千金"，其实是借此制造舆论，扩大影响。[2] 总体来看，《吕氏春秋》内容丰富，结构宏伟，逻辑严密，说理透彻，叙事生动，闪烁着博大精深的智慧之光。它问世之后，注家不绝，历经两千多年长盛不衰，已经成为中华民族一份宝贵的文化遗产。

西汉淮南王刘安及其门人集体编写的《淮南子》（又名《淮南鸿烈》）以老庄思想为核心，融合先秦诸子百家的思想，在政治、军事、哲学、文化、天文、地理、休息、养生等多个方面都有出色论述，并对老子无为而治的理论有所修正和发展。《道应训》以历史故事、寓言传说等阐释《老子》的旨义，仅此一篇即涉及《道德经》四十一章中的五十六处文字，全书内容涉及《道德经》八十一章中的七十多章，足见作者对《老子》的重视。在阐明哲理的同时，也保存了不少神话材料，像"女娲补天""后羿射日""共工怒触不周山""嫦娥奔月""大禹治水""塞翁失马"等古代神话，主要靠该书得以流传。因此虽在《汉书·艺文志》《隋书·经籍志》及《四库全书总目》中被列入"杂家"，但问世以来一直受到文人学者高度评价。如东汉高诱在其序言中就指出："其旨近老子淡泊无为，蹈虚守静，出入经道。言其大也，则焘天载地；说其细也，则沦于无垠；及古今治乱存亡祸福、世间诡异瑰奇之事。其义著，其文富，物事之类无所不载。然其大较，归之于道。"梁启超认为："《淮南鸿烈》为西汉道家言之渊府，其书博大而和有条贯，汉人著述中第一流也。"胡适也说："道家集古代思想的大成，而淮南书又集道家的大成。"[3]

　　《道德经》对各类文学艺术创作的影响也无远弗届。从《诗经》《楚辞》《汉赋》《唐诗》《宋词》《元曲》，到汉魏春秋战国诸子百家、汉代乐府、魏晋神怪传说、唐宋传奇、元明戏剧以至明清各种长短篇小说，几乎都可以看到《道德经》的痕迹。《诗经》中的"二雅"（大雅小雅）、"三颂"（《周颂·鲁颂·商颂》）[4]，《楚辞》中的"骚"（离骚）、"问"（天问）、"九"体诗作（九歌、九章、九辩、九怀、九叹、九思），已经显现道家意味。[5]韩非的老师荀况，以儒家正统传人自居，许多观点与《道德经》相左，但他的为文风格也深受老子影响，文笔犀利，气势通畅，旁征博引，说理透彻，连遣词造句都与《道德经》如出一辙。《荀子》书中许多生动形象、诗情奔涌的比喻和排比，如"天行有常""积土成山""积水成渊""不积跬步，无以至千里；不积小流，无以成江海"等，和《道德经》中类似的内容并放在一起，几乎不分轩轾。[6]

　　汉代由于社会政治经济秩序稳定，文学也得到很大发展，政论、散文、诗歌、史学、辞赋等各个领域都出现了很多优秀的作品。而汉初黄老思想盛行，对这些文学创作的影响尤其显著。以流行两汉四百多年的辞赋体裁写作来说，其中不少脍炙人口的传世之作，特别是以愤世嫉俗、超然物外、觑破红尘、自我宽解为主题的"嘲""讽""答客难""显志""昌言""抒困"之类的"骚体赋"，均含有浓厚的"黄老""老庄"意味。司马相如、扬雄、班固、张衡等"汉赋四大家"的作品历来被视为汉代文学创作的杰出代表。但流传最广、影响最大的辞赋作品，则是西汉初年枚乘所写的《七发》。该赋以"楚太子有疾，而吴客往问之"开头，通过主客问答七大段文字，铺陈了高妙的音乐、甘美的饮宴、名贵的车马、欢快的漫游、田猎的盛况及壮观的江涛等六种享乐形式，为"邪气逆袭""精神越渫""百病咸生""大命乃倾"的楚太子治病，都没有使楚太子为之心动。而最后提到召集天下"奏方术之士有资略者"为太子奏"要言妙道"，"论天下之精微，理万物之是非"，竟使太子"涩然汗出，霍然病已"。枚乘在《七发》末尾列出一串"方术之士有资略者"名单，向读者暗示他所说的"要言妙道"，就是老子的《道德经》。三国曹植《释愁文》亦提及："使王乔与子携手而游，黄公与子咏歌而行，庄生为子具养神之馔，老聃为子致爱性之方。趣遐路以栖迹，乘轻云以高翔。"[7] 足见《道德经》对汉魏文学创作的影响之大。

老子思想影响于文学，在魏晋南北朝时期约四百年间（公元196—589年）达到极致。这段时期，中国正面临长时期的战乱和分裂的严峻局面。由于政治局势混乱，政权更迭频繁，许多文人因卷入统治集团的权力争夺而遭到杀戮，因而在思想界、文化界，呈现儒学衰微、玄学兴盛、清谈成风、佛道盛行的趋势。这是非常典型的乱世文学。面临改朝换代引发的战乱，或战乱引发的改朝换代，敏感的作家们强烈感受到人生的短促无常，命运的难以捉摸，以及个人的渺小脆弱、无能为力。

受当时盛行的方士思潮影响，文坛上出现了许多以歌咏神仙漫游为主题的"游仙诗"，如曹植的《远游篇》、阮籍的《咏怀诗》、郭璞的《京华游侠窟》等。同时有许多文士热衷于记载各种鬼神异事传说，曲折地宣泄对现实的不满和对理想境界的向往，名曰"志怪"。这些作者继秦汉乐府诗《古诗十九首》《薤露》《蒿里》中哀吟"人生非金石，岂能长寿考"的诗句，发出"对酒当歌，人生几何"（曹操）、"死去何所道，托体同山阿"（陶渊明）的感叹，又承《穆天子传》（汲冢竹书之一种，撰者不详）、《汉武故事》（班固）、《神异经》（东方朔）、《蜀王本纪》（扬雄）之余风，写出大量以"志怪"为特色的笔记小说，如张华的《博物志》、颜之推的《集灵记》、王琰的《冥祥记》等，连魏文帝曹丕都撰有《列异传》三卷。其中最有名的，则是晋人干宝记载大量道家人物故事和传说的《搜神记》三十卷（陶渊明还有《搜神后记》二十卷）。[8]

诗歌、散文、辞赋中也出现了大量宣扬愤世嫉俗、出世归隐、乐天安命的作品。如潘岳的《悼亡诗》、吴均的《咏宝剑》《与朱元思书》、陆机的《辨亡论》、嵇康的《忧愤诗》、李密的《陈情表》、祢衡的《鹦鹉赋》、张华的《鹪鹩赋》、王粲的《登楼赋》、鲍照的《芜城赋》、阮籍的《达庄论》及《咏怀八十二首》、潘岳的《闲居赋》《秋兴赋》、刘伶的《酒德颂》、庾信的《枯树赋》《哀江南赋》等。[9]

但因为视野比较狭窄，题材比较空泛，故其时骚人墨客写诗作文，大多理胜于辞，平淡无味。南朝钟嵘曾评论说："永嘉（晋怀帝司马炽年号）时，贵黄老，稍尚虚谈。于时篇什，理过其辞，淡乎寡味。爰及江表，微波尚传。孙绰、许询、桓、庾诸公，诗皆平典似《道德论》，建安风力尽矣。"[10]

不过在文学界也出现了谢灵运、陶渊明等一大批以描写田园山水风光、创作怡情悦性的"纯文学"作品为特色的杰出作家和诗人。他们的作品都深受《道德经》影响，具有浓厚的道家意味，而成就最高的是被称为"田园诗人"的陶渊明。陶渊明的诗、文都具有蔑视权贵、遗世独立的书生气节，朴素自然、不事雕琢、意境深邃且富有哲理，处处表现出道家的情调，和《庄子》一书遗世独立的格调相映成辉。陶渊明本人不仅具有道家思想，并且身体力行实践道家的教训。他的《桃花源记》（散文）和《桃花源诗》（诗歌）、《归去来兮辞》（辞赋）以及大量描写务农躬耕生活的田园诗，几乎就是老子"小国寡民"主张的完美注脚，因而使"世外桃源"成为人们普遍向往的人间仙境，在当时及以后都产生了深刻的影响。[11] 所以，从南北朝时期的萧统、钟嵘，到唐宋元明清的李白、杜甫、欧阳修、苏轼、关汉卿、马致远、汤显祖、蒲松龄、洪昇、孔尚任，以及现代文学家鲁迅等，都给陶渊明诗文以极高评价。[12]

这种风气，一直延续到唐宋两代，形成在中国文学史上占有重要地位的唐宋传奇故事。[13] 至明清两代，则进一步发展为影响更大的戏曲传奇。[14]

魏晋南北朝上层社会风行一时的"名士风度"，重玄学、尚清谈、鄙弃富贵、流连自然，反抗礼法名教、追求任性放诞，实际上是在逃避社会现实的同时，追求精神自由和个性解放的矛盾表现。由于这些"名士"普遍具有深厚的文化素养，反映在艺术创作上，体现出更为浓厚的道家色彩，且在思想上更为放达、自由，不受约束。他们"清谈论理"的主要内容，就是脱胎于《道德经》的玄学，因而在《道德经》的研究方面有许多独到见解，出现了何晏、王弼、向秀、郭璞等一众出色学者和优秀作品。鲁迅在《魏晋风度及文章与药及酒之关系》一文中肯定这个时代是"文学的自觉时代"，即为艺术而艺术的时代[15]，也是道学得以迅猛发展的时代。

魏晋以后，由于道家思想盛行，"纯道家"文学也随之兴起。北魏宋鸾《道德经篇章玄颂》三卷，以诗歌形式诠释《道德经》要义，每章均以颂诗开头，再引原文，并加注释，通俗易懂，类似"说书"，开以诗释老之先河，如"道可道章第一：莫将常道同真道，难把常名污大名。……无欲始能全皓素，有为终是恨聪明"。元代蒋融安《道德真经颂》全篇八十一章均以七言绝句写就，每章四句，连总序《经总序颂》都是一首绝句："紫雾光中信息通，聊将黄叶玩儿童。若拘语句明宗旨，辜负当年白发翁。"正一道三十九代天师张嗣成的《道德真经章句训颂》分上下两卷八十一章，语言多用韵语，以四、五、七言为主，类似于禅偈，通俗流畅，深受道教教徒欣赏。元代另一著名道学学者、道士李道纯"不堕于偏枯，会至道以归元"，所著《道德会元》，援佛引儒入道，每章逐句解释之后附五言或七言诗一首。其自序称："修齐治平，经纲法度；百姓日用之间，平常履践之道；洪纤巨细，广大精微，靡所不备。"这些著述均采用大众喜闻乐见的诗歌形式，直接诠释和称颂《道德经》，对《道德经》的广泛传播起到了特殊的推动作用。[16]

唐代诗文中描写道教的作品也不少。几乎所有诗文名家都有涉及道家题材的作品。[17]被称为"诗仙"的李白，不光是虔诚的道教教徒，还是茅山道教上清派的第十五代传人之一。他所作诗中道教内容极多，如《登峨眉山》《蜀道难》《梦游天姥吟留别》等。[18]范文澜在《中国通史》中称李白是"反映道教思想的杰出作家"。[19]"诗圣"杜甫也与道教缘分颇深。他在世时曾多次造访道观、拜会道士，与多名道士密切往来。其文集中《题李尊师松树障子歌》就是写给与他一道赏画的李姓道士的。战乱中结识的萧姓道士逝世，他写了《奉汉中王手札报韦侍御、萧尊师亡》一诗哀悼。出蜀后流落江湘，"更讨衡阳董炼师，南浮早鼓潇湘柁"（《忆昔行》）。唐玄宗时杜甫朝拜老子故里鹿邑太清宫，写下了千余字的《朝献太清宫赋》并篆刻立碑（该碑已被毁，文见《康熙鹿邑县志》）。他还曾写过"若逢李白骑鲸鱼，道甫问讯今何如"的诗句（《送孔巢父谢病归游江东兼呈李白》），寄托他对道家生活的向往。[20]白居易诗中浓厚的"贵生""乐生"观念，皆来自于《道德经》。他写有《新乐府·海漫漫》《梦仙》《醉吟先生传》等不少诗文，其《读道德经》一诗中直接歌颂："玄元皇帝（老子）著遗文，乌角先生（左慈道号）仰后尘。金玉满堂非己物，子孙委蜕是他人。世间尽不关吾事，天下无亲于我身。只有一身宜爱护，少教冰炭逼心神。"[21]

不过，最有名的，还是唐末著名道学家、文学家杜光庭所作的《纪道德》塔字诗：

纪道德

[五代] 杜光庭

道，德。

清虚，玄默。

生帝先，为圣则。

听之不闻，抟之不得。

至德本无为，人中多自惑。

在洗心而息虑，亦知白而守黑。

百姓日用而不知，上士勤行而必克。

既鼓铸于乾坤品物，信充仞乎东西南北。

三皇高拱兮任以自然，五帝垂衣兮修之不忒。

以心体之者为四海之主，以身弯之者为万夫之特。

有皓齿青蛾者为伐命之斧，蕴奇谋广智者为盗国之贼。

曾未若轩后顺风兮清静自化，曾未若皋陶迈种兮温恭允塞。

故可以越圆清方浊兮不始不终，何止乎居九流五常兮理家理国。

岂不闻乎天地于道德也无以清宁，岂不闻乎道德于天地也有逾绳墨。

语不云乎仲尼有言朝闻道夕死可矣，所以垂万古历百王不敢离之于顷刻。[22]

  唐人"始有意为小说"（鲁迅《中国小说史略》），因而促使新兴的文学体裁——唐代传奇长足发展。与魏晋志怪小说不同的是，唐代国家一统，社会安定，城市经济欣欣向荣，新兴的市民阶层产生了对文化娱乐的强烈要求，引起了文人们写作传奇的兴趣。唐代传奇从唐代变文、俗赋、话本、词文等通俗文学样式中，吸取了多样素材，借鉴史传文学、古文、诗歌等其他文学体裁的表现手法，形成了诗歌、散文、抒情、叙事相结合的写作风格。其作品不仅篇幅加长，故事情节曲折，人物形象也逐渐走向丰满，成为中国古代短篇小说成熟的显著标志。传奇中有不少神仙鬼怪故事就取材于道教，科举场中还盛行以传奇作品作"投名状""敲门砖"的风气。许多传奇作品成为后来小说、戏剧的创作素材，如宋元杂剧、明清传奇中的许多剧目，都取材于唐代传奇。[23]

唐宋之际的各类文学作品，无论是诗歌、散文、传奇、话本，还是小说（包括从魏晋以来就勃然兴起的大量笔记小说）、戏剧、词曲、诸宫调，体现老庄思想的内容更为丰富多彩。韩愈、柳宗元、欧阳修、苏轼、黄庭坚等文学大家，无论对《道德经》如何评价，其作品中浓郁的道学思想均显然可见。特别突出的是韩愈和苏轼这两位有名的反老人物。韩愈曾主张对佛、老两家要"人其人，火其火，庐其庐"，彻底灭绝（韩愈《原道》）；苏轼认为商鞅、申、韩、李斯之罪皆是"老聃、庄周之使然"，"庄老之后，其祸为申韩"（苏轼《韩非论》）。但仔细研究他们的著述时却会发现，他们的思想深处都与道学有不解之缘，且在道教界都有不少知己之交。民间传说中的"八仙"之一韩湘子[24]据说就是韩愈的侄孙，且对韩愈"修道成仙"的思想有深刻影响——《韩愈文集》中有《左迁至蓝关示侄孙湘》《宿曾江口示侄孙湘二首》及《赠徐州族侄》等诗。韩愈《祭十二郎文》中的"十二郎"韩老成，即韩湘之父，文中"汝之子，始十岁"，就是指韩湘子。《韩愈文集》有不少与有名道士的书信来往，还尊称道教长老为"师"。[25]据宋陶谷《清异录》载，韩愈生性放诞，妻妾成群，晚年听信道士之言，嗜食"硫磺鸡"肉壮阳，"始亦见功，终致绝命"。[26]苏轼童年时的启蒙老师就是当时的名道士张易简，少年时对《庄子》便十分着迷。成人后不但常与道教学者来往，并且自号"东坡居士"和"铁冠道人"，着道袍，戴道冠，游访道士。在被贬谪途中，还给许多道观、道堂撰写了《观妙堂记》《众妙堂记》《庄子祠堂记》等一系列颂道之作。他的《放鹤亭记》就是专写名道士张天骥的。苏东坡晚年还为其弟苏辙的《道德真经注》题跋："使汉初有此书，则孔、老为一，使晋宋间有此书，则佛、老不为二。"对苏辙儒释道三教归一主张极表赞同。著名的游记散文前后《赤壁赋》，更洋溢着浓厚的道家意味。[27]

宋代词作（长短句）盛行，不少词牌都与道教中的神仙故事有关。如《女冠子》就是赞美女冠（女道士）情态的诗，《渔家傲》出自晏殊《画鼓声中昏又晓》诗中"神仙一曲渔家傲"之句，《云仙引》是冯伟寿吟云中仙子的诗,《聒龙谣》来自于朱敦儒的游仙词"聒龙啸看鸾舞"之句,《明月斜》因吕洞宾《题景德寺》词首句"明月斜,秋风冷"而得名,《高阳台》源自楚怀王梦游高唐的神话,《阳台梦》来自于唐庄宗所写的咏巫山神女的诗中"又入阳台梦"之句,《忆秦娥》的词牌来自于李白咏秦娥的词中"秦娥梦断秦楼月"之句(注:秦娥就是道教传说中的弄玉),《鹊桥仙》的词牌来自欧阳修咏牛郎织女词中"鹊迎桥路接天津"之句,《潇湘神》来自于刘禹锡咏湘水女神娥皇、女英诗题《潇湘神》,等等。还有《望仙门》《献仙音》之类词牌,一看就知道来自道教。[28]

宋代城市经济发达带来文学繁荣,传奇、小说(短篇故事)、平话(说书)、讲史等各种题材的文学作品竞相涌现,其中不乏修道成仙长生不老之类的题材。宋代朝廷组织编撰的"四大书"中的《太平广记》[29]《太平御览》[30]两大书,均专列《道部》《治道部》《方术部》《神鬼部》《妖异部》等,搜集了五代以前的许多神怪故事,道家意味十分浓厚。《文苑英华》[31]中所收大量唐人诗赋及官员学者洪迈的大部头笔记小说《夷坚志》,也有不少类似内容。[32]

宋朝城市市民文化生活活跃,勾栏、瓦肆等文化活动场所中以"平话"形式说书讲史者非常普遍。现存《大宋宣和遗事》和"全相平话五种"(《武王伐纣平话》《七国春秋平话》《秦并六国平话》《前汉书平话》《三国志平话》),已经近似于后来的长篇小说,其中均有道家神话传说内容。[33]已经逐渐形成杂剧雏形的戏曲艺术中,也出现了专门宣扬神仙度人和得道成仙故事的内容,名曰"神仙道化剧目"。流韵所及,金元"院本"和杂剧中反映道家内容的剧目更为繁多。[34]因金元宫廷时尚杂剧直接影响到社会风尚,加上流落到社会的落魄文人与演艺界俳优密切结合,使杂剧得以迅速发展。元明戏剧创作家和研究家钟嗣成、贾仲明、朱权所撰《录鬼簿》《录鬼簿续编》及《太和正音谱》中所编列的杂剧名目,有许多皆出于道家题材。其中最突出的是被称元曲四大家之一的马致远,在他现存的七种杂剧中,神仙道化剧就有《马丹阳三度任风子》《西华山陈抟高卧》《开坛阐教黄粱梦》和《半夜雷轰荐福碑》等四种。[35]

受金元平话影响，明清小说中也有不少是以道教为题材，如《封神演义》《东游记》《韩湘子全传》《绿野仙踪》等。《西游记》的内容虽然是佛教取经故事，但也深受道教思想影响，书中充满了"金公""木母""黄婆"等道教丹法术语。《三国演义》中关于诸葛亮登坛借东风、五丈原布灯祈续命，都是道教思想的反映。《水浒传》就是以"张天师祈禳瘟疫"为开卷篇的，其宗旨就是"替天行道"。《红楼梦》开宗明义也声称，该书是由一个"空空道人"把《石头记》一书抄下来传到人间的，书中"茫茫大士"僧和"渺渺真人"道结伴而行的形象，给读者留下了深刻的印象（实际上是儒释道"三教合流"的形象反映）。汤显祖的名作《南柯记》和《邯郸记》、孔尚任的《桃花扇》和洪昇的《长生殿》，其归宿基本上都是道家——《南柯记》中淳于棼梦入蚂蚁世界"大槐安国"，历尽宦海沉浮，梦醒后方悟"长梦不多时，短梦无碑记，普天下梦南柯人似蚁"；《邯郸记》中卢生的"功名痴梦"，经吕洞宾的点化，在"六仙"调侃式的责问中才得以"彻悟"，随吕洞宾去修仙学道；《桃花扇》中书生侯方域和名妓李香君，在国破家亡、走投无路的窘境下，经"法师"点破情缘，顿悟"大道"，换了道妆，修真学道；《长生殿》中唐明皇和杨太真（杨玉环）"本系元始孔升真人、蓬莱仙子"，在人间享尽荣华富贵，历经生离死别之后，方"谪期已满，复返天宫，永为夫妻"。这些，都对世人起到了"千古教化"的作用。[36]

二、《道德经》与传统艺术

《道德经》对中国的音乐、书画、建筑、雕塑等艺术的影响，也是十分深刻且久远的。

音乐是道教活动中的重要组成部分。道教音乐吸取了中国古代宫廷音乐和传统民间音乐的精华，渗入道教信仰的韵味，形成道教音乐独特的艺术风格。其曲式和情调着意表现出神仙意境，一般都比较庄重神圣、恬静幽雅，易于烘托肃穆沉静的宗教气氛，起到陶冶性情的作用。[37] 因此，道教音乐已经成为中国传统音乐的重要组成部分，2008

年 6 月 7 日被列入第二批国家级非物质文化遗产名录，2019 年 11 月 12 日入选调整后的国家级非物质文化遗产代表性项目保护单位名单。

道教绘画被称为道教艺术中的艺术，因为它最能直观、明显地反映道教主题，起到生动、真实地宣扬道教教义的作用。据学者考证，反映道教题材的绘画最早应推三国时杨修画的《严君平卖卜图》，这幅画描绘了汉代早期道学家严遵（字君平）卖卜算命的情景。之后又有三国曹不兴的《青溪赤龙图》、东晋顾恺之的《洛神赋图》、唐代吴道子的《钟馗图》、晚清任渭长的《列仙醉酒》，以及民间艺人创作的《八仙过海图》等描状神仙的图画。这些画结构合理、笔法古朴，人物气定神闲，背景空阔辽远，显示出一种超凡脱俗的奇特意境。[38]

而其中最有名的，则是山西芮城永乐宫中的大型壁画。它遍布龙虎、三清、纯阳、重阳四大殿中，总面积达九百多平方米。画中人物涉及皇帝、官吏、兵卒、村夫、渔民、隐者、道士、学童等，而背景从宫殿到闹市、村落、茶肆、客栈、山野，包罗万象，是当时社会（元代）的一个缩影。一幅描绘群仙朝谒元始天尊的《朝元图》，青龙、白虎两神为前导，南极长寿仙翁和西王母等八个主神的四周，簇拥了雷公、电母、各方星宿神及龙、蛇、猴等多位神君，另有武将、力士、玉女在旁侍奉，全图近三百个神仙朝着同一个方向行进，形成了一道朝圣的洪流。生动形象，气势磅礴，得到国内外专家学者高度评价。[39]

道教建筑乃是用以祀神、修道、传教以及举行斋醮等祝祷祈禳仪式的场所。汉代称"治"，晋代称"庐""治"或"靖"（又作"静"）。南北朝时南称馆，北称观（个别称寺）。唐始皆以观名之。唐宋以后规模较大者称宫或观，较小者或称庙。《要修科仪戒律钞》卷十引《太真科》称，建"治"要讲究阴阳、五行、九九、崇虚、崇玄等："二十四治，各各如此"。[40]

唐高宗、唐玄宗先后诏令各州设一观一寺，玄元庙先后改为太清宫、太微宫、紫微宫，普遍由神殿、膳堂、宿舍、园林四部分组成。有的还利用建筑群附近名胜古迹和奇异地形地物，如山泉溪流、巨石怪洞、悬岩古树等，建置楼、阁、台、榭、亭、坊等，形成建筑群内以自然景观为主的园林，给人以庄严肃穆、清新舒适之感。此外，它还将壁画、雕塑、书画、联额、题词、诗文、碑刻、园林等多种艺术形式与建筑物综合统一，形成风格独具而又多姿多态的建筑艺术群，充分体现了设计者和施工者高超的智慧和技巧。[41]

道教建筑精华最集中的武当山，自汉末以后一直受到历代皇朝重视。至明成祖朱棣时，为大力推崇道教，灌输"皇权神授"思想，还曾亲自策划营建，并由皇室派员管理。现存建筑规模之大，规划之高，构造之严谨，装饰之精美，神像、供器之多，在中国现存道教建筑中绝无仅有。金殿及殿内神像、供桌等全为铜铸镏金，采用失蜡法（蜡模）翻铸，且铸件体量巨大，代表了中国明代初年（14—15 世纪）科学技术和铸造工业的重大发展，反映出我国古代科技发展的伟大成就。[42]

道家思想与书法艺术的渊源亦颇为深厚。从汉代边韶建碑刻写《老子铭》开始，书法和道学就结下了不解之缘。后汉学者蔡邕，非常崇尚道家"静""慈""柔""虚""无为"等主张，认为书法艺术应当表现线条的阴柔之美。他在《九势》一文中说："藏头护尾，力在字中，下笔用力，肌肤之丽。"[43] 三国著名政治家兼书法家钟繇，据传是蔡邕书法的第二代传人，在汉字由隶书向楷书转变过程中有承前启后的重要作用。钟繇的书法理论散见于许多书法家的论述之中，后被梁武帝萧衍概括总结为书法十二意，即平、直、均、密、锋、力、轻、决、补、损、巧、称，主要也是指用笔方法、间架结构。[44]

魏晋南北朝时期，卫夫人（钟繇之徒、王羲之姨母）、王羲之、王献之诸人继承钟繇的书法理论，使得书法艺术的情感理论和体道理论都有了更加细致、明确的发展。他们从艺术本质的角度来分析书法在形式构成上的美学特质，体现出更加明显的道家思想倾向。如卫夫人关于点画的美学意象，奠定了"永字八法"的理论基础。她所提出的"力为骨体"的概念和用"骨""肉""筋"的意象来表征线条力度美感的理论，与《道德经》中的"水""柔""雌""弱"等概念暗中相合。她还具体提出"横"如千里之阵云、"点"似高山之坠石、"撇"如陆断犀象之角、"竖"如万岁枯藤、"捺"如崩浪奔雷、"努"如百钧弩发、"钩"如劲弩筋节。[45] 王羲之则明确用《道德经》中关于阴阳的论述以及贵盈、贵虚、惟逸、惟静、守柔、若水等道家的思想，来指导自己的书法理论。他在《记白云先生书诀》一文中明确宣称："书之气必达乎道，同混元之理"，"力圆则润，势疾则涩；紧则劲，险则峻"，"内贵盈，外贵虚；起不孤，伏不寡"，"望之惟逸，发之惟静。敬兹法也，书妙尽矣"。[46]

在魏晋南北朝时期的书法理论中，"意象"思维随处可见，并成为后来书法理论的主导性思维方式。钟繇、卫夫人和王羲之的书法理论，经梁武帝《观钟繇书法十二意》的阐释，到颜真卿《述张长史笔法十二意》的完善，至宋代苏轼提出"书必有神、气、骨、肉、血，五者阙一，不为成书也"，用一个"妙"字概括书法的至高境界，形成了一套完整的线条质感复合意象理论。[47] 很多道家人物本身就是书法家，如齐梁之际的陶弘景、唐代司马承祯、宋代黄庭坚等，都是名重一时的书法大家。王羲之行书《道德经帖》，司马承祯《道德经三体书》，唐代名书法家褚遂良、苏灵芝的《道德经幢书》，宋高宗赵构《道德经碑书》以及元代赵孟頫、吴叡、鲜于枢的《道德经》书，均被奉为传世珍品。从唐代至金元建立的各种《道德经》幢和《道德经》碑，更是书法和建筑艺术密切结合、具有独特民族风格的精美艺术品，具有极大的观赏价值和考古价值。目前仍被完整保存的河北易县龙兴观幢和河南鹿邑太清宫碑，均为国家重点文物保护对象。[48] 唐代画家吴道子、元代画家赵孟頫的老子画像，被多种著作和刻本采用。明清之后迄至现代，以老子和《道德经》为题材的书画作品，不可胜计。[49]

从中国传统文化的角度看，作为中国传统文化主要构成部分的儒道两家，价值取向、审美风格和美学理念都有极大的不同。在价值取向上，道家强调文学艺术的审美价值，而儒家更强调社会价值；道家崇尚清静无为，追求个人超然独立，而儒家则偏向积极入世，推重忧国忧民的士大夫精神。在审美风格上，道家崇尚自然朴素、真善美统一，而儒家则主张中和之美；道家向往自然美学和生命美学，注重文艺对提升人类自身素质的作用，而儒家则崇尚社会美学和伦理美学，追求德（品德）、善、美的一致。在美学理念上，道家主张天人合一，法天贵真，追求自然，不失本色，而儒家则崇尚"慎独""自省""思无邪""立身""立言"，"存天理，灭人欲"；道家主张"致虚""守静""涤除玄鉴""清心寡欲"，以"至虚"态度去感受艺术之美，儒家则崇尚"中庸""适度"，"乐而不淫，哀而不伤"，在礼乐制度约束下抒发感情。道家注重文学艺术的寄情作用，认为文学艺术应为寄寓人的感情服务；儒家注重文学艺术的教化作用，认为文学艺术应当提升人的品德和素质服务。有学者认为，在儒家眼里，文学艺术实际上已经沦为教化、统治百姓的工具，而道家的美学理念则更贴近文学艺术的本质。[50]

道家美学思想对现代艺术设计的启示无远弗届。在广袤无垠的中华大地，无论是音乐、书画、建筑、雕塑，还是别的民族艺术风格，都可以看出受道家思想的熏陶，打着道家精神的烙印。尽管在历史发展的过程中常常处于不利地位，但道家都能顽强生存，且兼收并蓄，化为己有，比以前更为发展壮大。今天，更同《道德经》一道，作为中国传统文化的光辉代表，气势磅礴走向世界。

这，或许就是其"根柢"之所在吧！

注释：

1. 鲁迅：《汉文学史纲要》，人民文学出版社 1963 年版。

2. ［秦］吕不韦：《吕氏春秋》，［东汉］高诱注，［清］毕沅校，徐小蛮标点，上海古籍出版社 2014 年版。

3. ［西汉］刘安：《淮南子》，陈广忠译注，中华书局 2014 年版。

4.《诗经》，王秀梅注，中华书局 2006 年版。

5.《楚辞》，廖晨星注译，崇文书局 2012 年版。

6. ［战国］荀况：《荀子》，方勇、李波译注，中华书局 2011 年版。

7. 姜逸波编注：《中华名赋集成·先秦两汉卷》，中国工人出版社 1999 年版。

8. 聂石樵：《魏晋南北朝文学史》，中华书局 2007 年版。

9. 杨仲义编注：《中华名赋集成·魏晋南北朝卷》，中国工人出版社 1999 年版。

10. ［南朝齐梁］钟嵘:《诗品·序》,中国书籍出版社1995年版。

11. ［东晋］陶潜:《陶渊明集》,逯钦立校注,中华书局1979年版。

12. ［梁］萧统:《文选》,中华书局1997年版。

13.《唐宋传奇集》,鲁迅校录,齐鲁书社1997年版。

14. 周贻白:《中国戏剧史长编》,上海书店出版社2007年版。

15.《鲁迅选集》第二卷,人民文学出版社1983年版。

16. 均见明《正统道藏》洞神部玉诀类,文物出版社1988年版。

17. ［清］董诰编:《全唐文》,中华书局2013年版;彭定求、沈三曾等编:《全唐诗》,中华书局1977年版。

18. ［唐］李白:《李太白全集》,［清］王琦注,中华书局1977年版。

19. 范文澜:《中国通史》,人民出版社2009年版。

20.《杜甫全集校注》,人民文学出版社2014年版。

21. ［唐］白居易:《白氏长庆集》,上海古籍出版社1994年版。

22. ［唐］杜光庭:《广成集:道教典籍选刊》,董恩林校,中华书局2011年版。

23. 项楚:《敦煌变文选注》(增订本),中华书局2006年版。

24. 韩湘,字北渚,生于唐德宗贞元十年（公元794年）,为韩愈侄孙、韩老成之子,唐穆宗长庆三年（公元823年）中进士,官至大理寺丞。这是历史上真实的韩湘,《唐书·宰相世系表》中有明确记载。唐朝段成式的《酉阳杂俎》、杜光庭的《仙传拾遗》、宋李昉等的《太平广记》及明代杨尔曾的神魔小说《韩湘子全传》中,就变成神话人物韩湘子了。据说道教名曲《天花引》就是韩湘子创作的。

25. ［唐］《韩愈文集》,中华书局2017年版。

26.《历代笔记小说大观:清异录·江淮异人录》,上海古籍出版社2012年版。

27. ［元］脱脱等:《宋史·苏轼传》,中国大百科全书出版社2011年版。

28. 唐圭璋编:《全宋词》,中华书局1965年版。

29. ［宋］李昉等:《太平广记》,中国华侨出版社 2016 年版。

30. ［宋］李昉等:《太平御览》,河北教育出版社 1994 年版。

31. ［宋］李昉等:《文苑英华》,中华书局 1988 年版。

32. ［宋］洪迈:《夷坚志》,中华书局 1981 年版。

33. 丁锡根:《宋元平话集》,上海古籍出版社 1990 年版。

34. ［明］臧懋循:《元曲选》,中华书局 1986 年版。

35. ［元］钟嗣成:《录鬼簿》,江苏广陵古籍刻印社 1990 年版,古典文学出版社 1957 年版。

36. 刘炎平、解艾玲:《中国古代传世名剧故事》第 6、7、9、10、11、12 册,天津教育出版社 2013 年版。

37. 周振锡:《道教音乐》,北京燕山出版社 2009 年版。

38. 薛永年、罗世平等:《中国美术简史》,中国青年出版社 2002 年版。

39. 萧军:《永乐宫壁画》,文物出版社 2015 年版。

40.《要修科仪戒律钞》十六卷,见《正统道藏·洞玄部》。

41. 茹竞华:《中国古建筑大系》,中国建筑工业出版社 2004 年版。

42. 祝笋:《武当山》,水利水电出版社 2011 年版。

43. ［东汉］蔡邕:《蔡中郎集》,中华书局 2005 年版。

44. 宋德林:《钟繇》,作家出版社 2012 年版。

45. ［晋］卫夫人:《笔阵图》,载《历代书法论文选》,上海书画出版社 1979 年版。

46.《王羲之书论全集》,中国书店 2007 年版。

47.《苏轼全集·书论》,上海古籍出版社 2000 年版。

48. 朱关田、刘涛等:《中国书法史》,江苏教育出版社 2000 年版。

49.《道德经书法集》,甘肃汉唐书画院 2012 年版。

50. 尤战生、杨正华:《中国文艺美学学科的生成背景》,载曾繁仁主编《中国文艺美学学术史》,吉林出版社 2010 年版。

主要参考文献

史籍

1.《诗经》，王秀梅注，中华书局 2006 年版。

2.《易经》，苏勇点校，北京大学出版社 1989 年版。

3.［春秋］孔丘：《逸周书》，［西晋］孔晁校注，浙江大学出版社 2021 年版。

4.［春秋］左丘明：《国语》，商务印书馆 1958 年版。

5.［春秋］左丘明：《左传》，上海古籍出版社 2015 年版。

6.［春秋］辛钘：《文子》，［唐］徐灵府注，商务印书馆 1936 年版。

7.［战国］屈原：《楚辞》，林家骊译，中华书局 2010 年版。

8.［战国］庄周：《庄子》，方勇注，中华书局 1989 年版。

9.［战国］荀况：《荀子》，方勇、李波译，中华书局 2011 年版。

10.［战国］韩非：《韩非子》，中华书局 2015 年版。

11.［战国］《鹖冠子》，［北宋］陆佃解，商务印书馆 1937 年版。

12.［秦］吕不韦：《吕氏春秋》，刘生良评注，商务印书馆 2015 年版。

13.［西汉］刘安：《淮南子》，中华书局 2009 年版。

14.［西汉］司马迁：《史记》，中华书局 1975 年版。

15.［西汉］刘向：《战国策》，缪文远注，中华书局 2006 年版。

16.［西汉］扬雄：《太玄经》，中华书局 2005 年版。

17.［西汉］董仲舒：《春秋繁露》，中华书局 2012 年版。

18.［西汉］戴圣：《礼记》，上海古籍出版社 1989 年版。

19.［东汉］班固：《汉书》，中华书局 1962 年版。

20. ［东汉］应劭:《风俗通义》,上海古籍出版社 1990 年版。

21. ［西晋］陈寿:《三国志》,中华书局 1959 年版。

22. ［西晋］皇甫谧:《高士传》,商务印书馆 1937 年版。

23. ［东晋］陶潜:《陶渊明集》,人民文学出版社 1956 年版。

24. ［东晋］张湛:《列子注》,台湾艺文印书馆 1975 年版。

25. ［南朝梁］萧统:《文选》,中华书局 1997 年版。

26. ［南朝梁］萧子显:《南齐书》,中华书局 1972 年版。

27. ［南朝宋］范晔:《后汉书》,中华书局 1965 年版。

28. ［后晋］刘昫等:《旧唐书》,中华书局 1975 年版。

29. ［唐］林宝撰:《元和姓纂》,岑仲勉校记,中华书局 1994 年版。

30. ［唐］李白:《李太白全集》,［清］王琦注,中华书局 1977 年版。

31. ［唐］杜甫:《杜甫全集》,上海古籍出版社 1996 年版。

32. ［唐］白居易:《白氏长庆集》,上海古籍出版社 1994 年版。

33. ［唐］韩愈:《韩昌黎集》,中华书局 2019 年版。

34. ［唐］柳宗元:《柳河东集》,中华书局 2005 年版。

35. ［唐］释道世:《法苑珠林》,江苏广陵古籍出版社 1990 年版。

36. ［唐］释道宣:《广弘明集》,巴蜀书社 2005 年版。

37. 《唐宋传奇集》,鲁迅校录,齐鲁书社 1997 年版。

38. ［北宋］王溥:《唐会要》,商务印书馆民国版（年代不详）。

39. ［北宋］欧阳修等:《新唐书》,中华书局 1976 年版。

40. ［北宋］苏轼:《苏轼文集》,中华书局 1988 年版。

41. ［北宋］陈师道:《后山居士文集》,上海古籍出版社 1977 年版。

42. ［北宋］陈彭年、丘雍:《广韵》,明宣德六年（1431）清江书堂刻印本,北京国家图书馆藏。

43. ［北宋］郑樵:《通志·氏族略四》,中华书局 1987 年版。

44. ［南宋］王应麟:《姓氏急就篇》(《四库全书子部十一》),国家图书馆出版社 2006 年版。

45. ［南宋］谢守灏:《混元圣纪》,《正统道藏》洞神部谱录类。

46. ［南宋］朱熹:《朱文公文集》,商务印书馆 1980 年版。

47. ［南宋］黎靖德编：《朱子语类》，中华书局1986年版。

48. ［南宋］叶适：《习学记言》，上海古籍出版社1992年版。

49. ［南宋］王十朋：《梅溪王先生文集》，上海商务印书馆影印，1946年初版。

50. ［元］杜道坚：《文子缵义》（永乐大典本），线装书局2016年版。

51. ［明］汤显祖：《汤显祖集》，中华书局1961年版。

52. ［明］《正统道藏》，北京文物出版社1988年版。

53. ［明］《永乐大典》，中华书局1986年版。

54. ［明］臧懋循：《元曲选》，中华书局1986年版。

55. ［明］毛晋：《六十种曲》，中华书局1982年版。

56. ［清］崔述：《洙泗考信录》，商务印书馆1937年版。

57. ［清］纪昀：《四库全书总目提要》，商务印书馆1933年版。

58. ［清］彭定求编：《全唐诗》，中华书局2003年版。

59. ［清］董诰编：《全唐文》，中华书局2013年版。

60. ［清］《四库全书》子部道家类，线装书局2014年版。

61. ［清］卢文弨：《群书拾补·风俗通义校正并补遗》，台湾商务印书馆1978年版。

62. ［清］黄秩模：《逊敏堂丛书姓氏考略》，影印道光木活字本，出版社不详。

63. ［清］陈梦雷、蒋廷锡：《古今图书集成》，中华书局1984年版。

64. ［民国］赵尔巽等：《清史稿》，中华书局1976年版。

65. ［民国］张鹏一辑佚：《魏略辑本》，黑白影印本，出版社及出书年代不详。

66. ［民国］江瑔：《读子卮言》，华东师范大学出版社2012年版。

67. 《诸子集成》，中华书局2016年版。

68. 马王堆汉墓帛书整理小组编：《马王堆帛书：老子》，文物出版社1976年版。

69. 荆门市博物馆编：《郭店楚墓竹简》，文物出版社1998年版。

70. 北京大学出土文献研究所编：《北京大学藏西汉竹书概说》，上海古籍出版社 2016 年版。

71. 唐圭璋编：《全宋词》，中华书局 1965 年版。

72. 余冠英选注：《汉魏六朝诗选》，人民文学出版社 1978 年版。

73. 刘文忠选注：《汉魏六朝文选》，人民文学出版社 2011 年版。

74. 姜逸波编注：《中华名赋集成·先秦两汉卷》，中国工人出版社 1999
    年版。

75. 杨仲义编注：《中华名赋集成·魏晋南北朝卷》，中国工人出版
    社 1999 年版。

76. 汤一介主编：《道书集成》，九州出版社 1999 年版。

77. 汤一介主编：《道学精华》，北京出版社 1996 年版。

78. 熊铁基主编：《老子集成》，宗教出版社 2009 年版。

79. 华东师范大学古籍整理研究室选编校点：《历代书法论文选》，上海
    书画出版社 1979 年版。

历代老子解说

1. ［西汉］严遵：《老子指归》，王德有译注，商务印书馆 2004 年版。

2. ［西汉］河上公：《老子道德经河上公章句》，王卡译注，中华书
   局 1993 年版。

3. ［西汉］刘向：《老子说》，北方文艺出版社 2014 年版。

4. ［东汉］张陵（张道陵）：《老子想尔注》，台湾三民书局 1997 年版。

5. ［三国］葛玄：《老子节解》，贞松唐藏敦煌唐写本，出书年代不详。

6. ［三国］葛玄：《老子道德经序诀》，贞松唐藏敦煌唐写本，出书年代
   不详。

7. ［魏晋］王弼：《老子注》《老子指略》，载《正统道藏》洞神部玉
   诀类。

8. ［魏晋］王弼：《老子道德经·王弼道德经注》，唐子恒译，凤凰出版
   社 2018 年版。

9. ［东晋］鸠摩罗什：《老子注》，凤凰出版社 2010 年版。

10. ［南梁］萧衍：《道德经注》《老子讲疏》，见柏俊才《梁武帝萧衍考

略》，上海古籍出版社 2008 年版。

11. ［北魏］宋鸾：《道德经篇章玄颂》，《正统道藏》洞神部赞颂类。

12. ［南齐］顾欢：《道德真经注疏》，江苏古籍出版社 1970 年版。

13. ［南朝宋］释惠林：《老子道德经注》，见罗亮《元嘉佛教中的"黑衣宰相"释惠林》，佛学杂志 2010 年 10 月 5 日。

14. ［唐］傅奕：《道德经古本篇》，《正统道藏》洞神部文本类。

15. ［唐］陆德明：《老子音义》《老子疏》，直隶书局 1923 年版。

16. ［唐］成玄英：《老子成玄英疏》，蒙文通辑，见《蒙文通文集》，巴蜀书社 1999 年版。

17. ［唐］李隆基：《唐玄宗御注道德真经》，《正统道藏》洞神部玉诀类。

18. ［唐］陆希声：《道德真经传》，《正统道藏》洞神部玉诀类。

19. ［唐］张君相：《道德真经集解》，《正统道藏》洞神部玉诀类。

20. ［唐］崔少元：《老子心镜》，四库全书子部道家类。

21. ［唐］吕洞宾：《吕祖秘注道德经心传》《道德经释义》，见［清］刘体恕汇辑《吕洞宾全集》，华夏出版社 2009 年版。

22. ［唐］李约：《道德真经新注》，见《中华道藏·道德真经》，华夏出版社 2019 年版。

23. ［唐］李荣：《道德真经注》，《正统道藏》洞神部玉诀类。

24. ［唐］杜光庭：《唐玄宗御注道德真经疏》《道德真经广圣义》，《正统道藏》洞神部玉诀类。

25. ［唐］强思齐：《道德真经玄德纂疏》，九州出版社 2017 年版。

26. ［北宋］欧阳修：《老氏说》，见《欧阳修文集》，中华书局 2001 年版。

27. ［北宋］王安石：《老子注》，见王水照主编《王安石全集》第四册，复旦大学出版社 2017 版。

28. ［北宋］司马光：《道德真经论》，《正统道藏》洞神部玉诀类。

29. ［北宋］苏辙：《老子解》，《正统道藏》洞神部玉诀类。

30. ［北宋］吕惠卿：《道德真经传》，商务印书馆 2019 年版。

31. ［北宋］陈景元：《道德经注》《藏室纂微》，《正统道藏》洞神部玉诀类。

32. ［北宋］李嘉谋：《道德真经义解》，《正统道藏》洞神部玉诀类。

33. ［北宋］陆佃：《老子注》，上海图书集成局1897年版。

34. ［北宋］赵佶：《宋徽宗道德真经御解》，文物出版社2012年版。

35. ［北宋］《老子崇宁五注》，严灵峰辑校，台湾成文出版社1979年版。

36. ［南宋］白玉蟾：《道德真经章句注》，新文丰出版社1980年版。

37. ［南宋］白玉蟾：《道德宝章》，四库全书子部道家类。

38. ［南宋］董思靖：《道德真经集解》，北京文物出版社1988年版。

39. ［南宋］吕祖谦：《音注河上公老子章句》，见《吕祖谦全集》，浙江
    古籍出版社2008年版。

40. ［南宋］李嘉谋：《道德真经义解》，《正统道藏》洞神部玉诀类。

41. ［南宋］谢图南：《道德真经注》，《正统道藏》洞神部玉诀类。

42. ［南宋］朱熹：《老子注》，上海古籍出版社2013年版。

43. ［南宋］邵若愚：《道德真经直解叙事》，北京文物出版社1988年版。

44. ［南宋］彭耜：《道德真经集注杂说》，浙江美术出版社2021年版。

45. ［南宋］林希逸：《老子鬳斋口义》，华东师范大学出版社2010年版。

46. ［南宋］范应元：《老子道德经古本集注直解》，国家图书馆出版
    社2014年版。

47. ［金］赵秉文：《道德真经集解》，北京文物出版社1988年版。

48. ［金］李霖：《道德真经取善集》，北京文物出版社1988年版。

49. ［金］寇才质：《道德真经四子古道集解》，北京文物出版社1988
    年版。

50. ［元］杜道坚：《道德玄经原旨》，北京文物出版社1988年版。

51. ［元］李道纯：《道德经会元》，北京文物出版社1988年版。

52. ［元］吴澄：《道德真经注》，华东师范大学出版社2010年版。

53. ［元］刘惟永、丁易东：《道德真经集义》，北京文物出版社1988
    年版。

54. ［明］朱元璋：《大明太祖高皇帝道德真经注》，文物出版社2012
    年版。

55. ［明］危大有:《道德真经集义》,《正统道藏》洞神部玉诀类,北京文物出版社 1988 年版。

56. ［明］李贽:《老子解注》(《李卓吾遗书》十二种之四),社会科学文献出版社 2000 年版。

57. ［明］焦竑:《老子翼》,黄曙辉校,华东师范大学出版社 2011 年版。

58. ［明］薛蕙:《老子集解》,北京文物出版社 1988 年版。

59. ［明］归有光:《道德经评点》。

60. ［明］陈继儒:《眉公陈先生评注老子隽》,见《陈继儒全集》,上海人民出版社 2021 年版。

61. ［明］释德清:《老子道德经憨山注》,同济大学出版社 2013 年版。

62. ［明］陶望龄:《陶周望老子解》,上海古籍出版社 2019 年版。

63. ［明］洪应绍:《道德经测》,见《中华续道藏初辑》,新文丰出版社 1999 年版。

64. ［明］钟惺:《老子嫏嬛》,见《隐秀轩集》,上海古籍出版社 2017 年版。

65. ［明/清］孙承泽:《道德经参补注释》,清康熙四年(1665)刊本。

66. ［明/清］傅山:《老子注》,《霜红龛集》卷三十二,山西古籍出版社 1985 年版。

67. ［清］爱新觉罗·福临(顺治皇帝):《御定道德经注》,文物出版社 2012 年版。

68. ［清］宋常星:《道德经讲义》。

69. ［清］黄元吉:《道德经讲义》,九州出版社 2014 年版。

70. ［清］毕沅:《老子〈道德经〉考异》,清乾隆四十六年(1781)平津馆丛书,出版社及年代不详。

71. ［清］王夫之:《老子衍》,中华书局 1962 年版。

72. ［清］汪中:《述学内外篇:述学·补遗·老子考》,中华书局 2005 年版。

73. ［清］释德玉:《道德经顺朱》,民国文库刊行会 1935 年版。

74. ［清］姚鼐:《老子章义》,见《惜抱轩文集 卷 03》,上海古籍出版社 1992 年版。

75. ［清］魏源：《老子本义》，上海书店影印本 1987 年版。

76. ［清］王念孙：《老子》，载《读书杂志》，凤凰出版社 2000 年版。

77. ［清］纪昀：《老子道德经校订》，天津人民出版社 2010 年版。

78. ［清］邓廷桢：《老子注》，载《双砚斋笔记》卷三，中华书局 1987 年版。

79. ［清］俞樾：《老子平议》，载《诸子平议》卷八，上海书店 1988 年版。

80. ［清］陶鸿庆：《读诸子札记·读老子札记》，中华书局 1959 年版。

81. ［清］高延第：《涌翠山房集·老子证义》。

82. ［清］黄裳（黄元吉）：《道德经讲义》，九州出版社 2014 年版。

83. ［清］孙诒让：《老子王弼河上公注》《老子校语》，见《孙诒让全集》，四川美术出版社 2010 年版。

84. ［清］严复：《老子道德经评点》，商务印书馆 1931 年版。

85. ［清］刘师培：《老子斠补》《老子韵表》，载《刘申叔先生遗书》，广陵书社 2014 年版。

86. ［清］胡薇元：《玉津阁丛书·道德经达诂》，台湾艺文印书馆影印，年代不详。

87. ［民国］汪希张：《新注道德经白话解说》，丰源印书馆 1920 年版。

88. ［民国］奚侗：《老子集解》，上海古籍出版社 2007 年版。

89. ［民国］丁福保：《老子道德经笺注》，上海医学书局 1927 年版。

90. ［民国］罗振玉：《道德经考异》，上海古籍出版社 2010 年版。

91. ［民国］陈柱：《老子韩氏说》，长沙商务印书馆 1939 年版。

92. ［民国］梁启超：《老子哲学》，上海中华书局 1912 年版。

93. ［民国］杨树达：《老子古义》，吉林人民出版社 2010 年版。

94. ［民国］黄元炳：《老子玄玄解》，无锡黄氏铅印本 1925 年版。

95. 胡适：《老子校》，见江冬秀主编《胡适手稿》，台湾"中央研究院"1970 年版。

96. 朱谦之：《老子校释》，中华书局 1984 年版。

97. 郭沫若:《老聃·关尹·环渊》,见《郭沫若文集》,科学出版社 1982 年版。

98. 徐梵澄:《老子臆解》,中华书局 1988 年版。

99. 高明:《帛书老子校注》,中华书局 1996 年版。

100. 马叙伦:《老子校诂》,古籍出版社 1957 年版。

101. 高亨:《老子正诂》,中国书店 1988 年版。

102. 古棣(关锋):《老子校诂》,中华书局 1974 年版。

103. 王重民:《老子考》,中华图书馆协会 1927 年版。

104. 高定彝:《老子道德经研究》,北京广播学院出版社 1999 年版。

105. 叶海烟:《老庄哲学的文化解构论》,"文化与差异"学术研讨会论文,台北,1997。

106. 蒙文通:《晋唐老子古注四十家辑存》,商务印书馆 2011 年版。

107. 劳健(劳笃文):《老子古本考》,中华书局 2016 年版。

108. 陈鼓应:《老子今注今译》,商务印书馆 2003 年版。

109. 陈鼓应:《老子注译及评介》,中华书局 1984 年版。

110. 高专诚:《御注老子原序》,山西古籍出版社 2003 年版。

111. 严灵峰:《老子达解自序》,台湾华正书局 2008 年版。

112. 严灵峰:《老子众说纠谬》,台湾正中书局 1975 年版。

113. 严灵峰:《无求备斋学术新著》,台湾商务印书馆 1976 年版。

114. 任继愈:《老子今译》,古籍出版社 1956 年版。

115. 任继愈:《老子新译》,上海古籍出版社 1978 年版。

116. 任继愈:《老子全译》,巴蜀书社 1992 年版。

117. 任继愈:《老子绎读》,北京图书馆出版社 2015 年版。

118. 任继愈:《任继愈谈老学源流》,石油工业出版社 2018 年版。

119. 周赟:《任继愈〈老子〉四译合刊研究》,广西师范大学出版社 2021 年版。

120. 张松如:《老子校读》,吉林人民出版社 1981 年版。

121. 张松如:《老子说解》,齐鲁书社 1987 年版。

122. 张松如:《老子说解》,齐鲁书社 1998 年版。

123. 郭世铭：《老子究竟说什么》，华文出版社 1999 年版。

124. 赵又春：《我读老子》，岳麓书社 2006 年版。

125. 刘小龙：《老子原解》，新星出版社 2006 年版。

126. 尹国兴：《老子秘语》，齐鲁书社 2006 年版。

127. 兰喜并：《老子解读》，中华书局 2005 年版。

128. 董子竹：《老子我说》，长江文艺出版社 2002 年版。

129. 杨兴顺：《中国古代哲学家老子及其学说》，科学出版社 1957 年版。

130. 徐复观：《老子的道德思想之成立》，见《徐复观全集》，九州出版社 2014 年版。

131. 杨柳桥：《老子译话》，古籍出版社 1958 年版。

132. 罗根泽：《老子选注》，中华书局 1961 年版。

133. 王力：《老子研究》，上海书店出版社 1992 年影印版。

134. 蔡明田：《老子的政治思想》，台湾艺文印书馆 1976 年版。

135. 童书业：《中国经济思想史·老子思想研究》，中国社会科学出版社 1981 年版。

136. 钱锺书：《管锥编·老子王弼注》，中华书局 1979 年版。

137. 叶玉麟：《白话译解老子道德经》，新民书局 1935 年版。

138. 肖天石：《道德经圣解》，华夏出版社 2007 年版。

139. 林语堂：《老子的智慧》（中英文版），外语教学与研究出版社 2008 年版。

140. 曹聚仁：《老子集释》，知识出版社 1997 年版。

141. 南怀瑾：《老子他说》，复旦大学出版社 2005 年版。

142. 王蒙：《老子的帮助》，华夏出版社 2009 年版。

143. 王蒙：《老子十八讲》，生活·读书·新知三联书店 2009 年版。

144. 沈善增：《还吾老子》，上海人民出版社 2004 年版。

145. 沈善增：《老子还真注释》，上海人民出版社 2005 年版。

146. 《老子注释》，复旦大学哲学系《老子注释》组注，上海人民出版社 1977 年版。

147. 詹剑锋：《老子其人其书及其道论》，华东师范大学出版社 1982

年版。

148. 傅佩荣:《傅佩荣讲老子》,北京联合出版公司 2018 年版。

149. 楼宇烈:《老子道德经注校释》,中华书局 2011 年版。

150. 熊春锦:《老子德道经校注》,中央编译出版社 2006 年版。

151. 胡不群编:《老子道德经儒释道三家注按》,学苑出版社 2020 年版。

152. 尹振环:《楚简老子辨析》,中华书局 2001 年版。

153. 崔仁义:《荆门郭店楚简老子研究》,科学出版社 1998 年版。

154. 涂宗流:《道之原:郭店老子研究》,汕头大学出版社 2006 年版。

155. 高明:《帛书老子校注》,中华书局 2016 年版。

156. 许抗生:《帛书老子注译与研究》,浙江人民出版社 1982 年版。

157. 吴文文:《北大汉简老子译注》,中华书局 2021 年版。

其他研究论述

1. 李零:《郭店楚简校读记》,北京大学出版社 2002 年版。

2. 周贻白:《中国戏剧史》,中华书局 1954 年版。

3. 鲁迅:《中国小说史略》,人民文学出版社 1973 年版。

4. 鲁迅:《鲁迅选集》,人民文学出版社 1983 年版。

5. 胡适:《中国哲学史大纲》,中华书局 2018 年版。

6. 冯友兰:《中国哲学史》,商务印书馆 1935 年版。

7. 冯友兰:《中国哲学史补》,中华书局 2014 年版。

8. 艾思奇:《辩证唯物主义 历史唯物主义》,人民出版社 1978 年版。

9. 范文澜:《中国通史》,人民出版社 1965 年版。

10. 汤用彤:《汉魏两晋南北朝佛教史》,中华书局 1983 年版。

11. 罗宗强:《魏晋南北朝思想史》,中华书局 2006 年版。

12. 顾颉刚:《古史辨》,上海古籍出版社 1982 年版。

13. 〔德〕黑格尔:《哲学史讲演录》,商务印书馆 1959 年版。

14. 〔德〕黑格尔:《小逻辑》,商务印书馆 1980 年版。

15. 北京大学哲学史编写组:《欧洲哲学史》,商务印书馆 1977 年版。

16. 曾繁仁主编:《中国文艺美学学术史》,吉林出版社 2010 年版。

17. 陈维山主编:《临洮史话》，甘肃文化出版社 2005 年版。

18. 中国社科院文学研究所中国文学史编写组:《中国文学史》，人民文学出版社 1963 年版。

19. 傅勤家:《中国道教史》，商务印书馆 2011 年版。

20. 茹竞华:《中国古建筑大系》，中国建筑工业出版社 2004 年版。

21. 《道教建筑：神仙道观》，中国建筑工业出版社 2010 年版。

22. 史新民:《道教音乐》，人民音乐出版社 2005 年版。

23. 洪再新:《中国美术史》，中国美术学院出版社 2004 年版。

24. 刘恒、丛文俊等:《中国书法史》，江苏教育出版社 2009 年版。

25. 唐君毅:《中国哲学原论》，台湾学生书局 2020 年版。

26. 解思忠:《彻悟生死》，上海三联书店 2016 年版。

27. 刘炎平:《中国古典戏剧的源和流》，载刘炎平、解艾玲编《中国古代传世名剧故事》第 12 册，天津教育出版社 2013 年版。

28. 梁启超:《评胡适之中国哲学史大纲》，《晨报副镌》1922 年 11 月 13—17 日。

29. 张怡荪:《梁任公提讼老子时代一案判决书》，《晨报副镌》1922 年 11 月 22—24 日。

30. 哲学研究编辑部编:《老子哲学讨论集》，中华书局 1959 年版。

31. 陈鼓应:《道家在先秦哲学史上的主干地位》，《中国文化研究》1995 年第 2 期。

32. 郭沂:《从郭店楚简〈老子〉看老子其人其书》，《哲学研究》1998 年第 7 期。

33. 楚木:《千古大隐老莱子——老子真迹考》，《荆楚风》2010 年 8 月。

34. 丁四新:《早期〈老子〉文本的演变、成型与定型》，《中州学刊》2014 年第 10 期。

图书在版编目（CIP）数据

细读《道德经》／（加）刘炎平，（美）解艾玲著
． — 北京：商务印书馆，2023
ISBN 978-7-100-21828-3

Ⅰ．①细⋯ Ⅱ．①刘⋯ ②解⋯ Ⅲ．①《道德经》—
研究 Ⅳ．①B223.15

中国国家版本馆CIP数据核字（2023）第101916号

细读《道德经》

〔加〕刘炎平 〔美〕解艾玲 著

_____

商 务 印 书 馆 出 版
（北京王府井大街 36 号 邮政编码 100710）
商 务 印 书 馆 发 行
艺堂印刷（天津）有限公司印刷
ISBN 978-7-100-21828-3

2023 年 7 月第 1 版　　　　开本 710×1000　1/16
2023 年 7 月第 1 次印刷　　印张 13¼
定价：68.00 元